“もうヒトに悩まない”

超える経営

伊藤誠英

オータパブリケイションズ

超える
経営
Kozue

当たり前のことを、
バカにせず、
バカになって、
ちゃんとやる。

プロローグ

突然ですが、皆さんにとっての**当たり前**ってなんでしょうか。

元気よくあいさつをすること。
人の悪口を言わないこと。
みんなと仲良くすること。
素直な気持ちで人の話を聞くこと。
周囲を思いやること。
自分のことを好きでいること。
周りの人を好きでいること。
常に全力で一生懸命に頑張ること。
仲間の成功や幸せを心から喜ぶこと。
心身ともに健康な状態を保つこと。

これらはすべて、わたしたちが子どもの頃に習った当たり前です。

では、もう一つ質問です。

今、あなたの会社は、あなた自身は、この当たり前をいくつできていますか？

もし、あなたが経営者もしくは、チームメンバーをマネジメントする立場で、あなた自身やあなたのチームメンバーがカウントできるこの**当たり前**の数が少ないと感じているなら、いまあなたはこんな壁にぶつかってはいませんか。

オレは一体、何をやっているんだ？

ちょうど10年前、わたしもまったく同じ壁にぶつかり、そして愕然としていました。

弊社は今年で創業16年目を迎えたブライダル事業を軸とした会社です。創業当時、わたしは28歳。いま思い返すと何も知らない気持ちだけの社長だったと思います。

学生時代に１００ヵ国以上を旅し、そこで感じたのは日本人のホスピタリティ、そして細やかな気配りはピカイチだということでした。日本のサービスのクオリティの高さを実感し、もともと人と接する仕事に就きたいと感じていたわたしは、大学卒業と同時に大手ホテルに就職。しかしながら、1年半後に稼業を手伝うことになり、仕事が面白くなりはじめた頃にホテルを退職せざるを得ませんでした。自己実現欲求が強く、両親の仕事を手伝うだけでは物足りなさを感じていたわたしは、ＩＴから芸能関係まで幅広い分野で活躍する起業家や企業経営者と出会い、大いに刺激を受けました。一代でものをつくっている人たちの「失敗してもまたつくればいい」「ダメでもまた一からやっていける」という真の強さを肌でビンビン感じたことで、わたし自身、両親と仕事に対する考え方ややり方が違っていたこともあり、親の会社を継いで「守り」の経営を行なうのではなく、一から自らの手で理想とする城を築き上げ、「攻め」の経営をしてみたいと夢を抱くようになりました。そういう自己実現欲求に強く揺さぶられたのが、起業のきっかけです。

２００４年、名古屋の瑞穂区に1号店となるフレンチレストラン「エル・ダンジュ本店」をオープンさせ、レストランウエディング事業を開始。創業当時、社員数はわたしも含めて8名でした。創業から4年目までは、恥ずかしながらブラック企業よりもキツイ、デビル企業と言わざるを得ない厳しい会社でした。というのも採用や教育がまだ十分にできていなかったにも関わらず、幸運にも売り上げが急激に伸びたからです。

その一番の理由は、レストランと結婚式場の良い部分を融合させる戦略がうまくいったからです。レストランウエディングのゲスト一人ひとりのために丁寧につくられた料理を温かいものは温かいまま、冷たいものは冷たいまま出すシェフやソムリエ、ギャルソンの質の高いサービスと、披露宴会場のさまざまな演出が可能となる最新設備を整えたことで成約率は開業当初から順調に右肩上がりでした。大きな式場では、営業・準備期間・当日対応とそれぞれ別のプランナーが担当することが多い中、弊社は一貫して同じプランナーが1組のカップルを担当。また、コースメニューをあえてつくらず、キッチンスタッフやパティシエがお客さまとじかにミーティングを重ねながら、当日提供する料理をお二人とともに考えます。教会での挙式は有資格者の牧師先生が執り行います。また、ブライダル業界では当時当たり前となっていた保証金制度（式場に業者が予め一定のテナント料を支払うことで、ほかの業者を入れない、もしくは入れるときは持ち込み料を支払わせる制度）を廃止したことで、質の良いパートナー会社の獲得に成功。そのホスピタリティの高さで弊社は評判となりました。美容もフラワーもフォトも質の高いものを提供できると同時に、そのぶんお客さまに価格面で還元でき、問い合わせや予約件数が急増したのです。

そこで急いで人員を増やそうと募集をかけたのですが、創業間もない無名の小さな会社に、そう簡単に人材が集まるわけもありません。また、わたしもメンバーも、当時は今よりずっと若く、法規制も緩かったこともあり、体力も十分。「やる気と情熱があれば何とかなる」という考えだったので、朝7時に出社して夜2時に帰るというのが常でした。

創業から3年後、従業員数はかろうじて17名まで増えていましたが、受注件数は年１８０件。

人がいないのにひっきりなしに受注が入る状態です。人手がまったく足りていないにも関わらず、「お客さまのために」「会社の成長のために」と、平日はレストラン営業を行ない、ランチもディナーもやっていました。金曜日のディナーが23時に終わったあと、土曜日のウエディングの準備をスタートさせて、徹夜作業も辞さない状況。当時のわたしは、いま考えるとどんどん伸びる売り上げに有頂天になっていて、何も分かっていない、愚かな経営者だったと思います。

創業から6年目、名古屋駅前にもう一つ大きなバンケットをオープンさせ、新卒も採用し、従業員数も一気に40名まで増やしました。ところが、その頃から大事なメンバーがどんどん辞めていくようになりました。それも皆、会社が対応できない理由を言って次々と辞めていくのです。

「平日休みの仕事に変えたい」

「自分の時間がほしい」

「ほかにやりたいことができた」

……正直、全部嘘ではないかと思いました。

会社の規模が倍になり、傍目には急成長企業と呼ばれ、メンバー一人ひとりに払える給料も上がり、深夜残業も減り、休日も年間１００日（現在は１０９日）まで増えていました。それなのにどんどん人が辞めていくのです。当時は春夏秋冬、毎シーズンごとに送別会をやっているような状態でした。送別会でかたちだけきれいに送り出した雰囲気をつくっても、家に一人戻れば「なんでだ。なんでなんだ」と本音を聞けないまま辞めていったメンバーたちの顔が浮かび、自問自答する日々が続きました。

辞める理由はさまざまでしたが、わたしが聞いている退職理由と後からメンバーから聞かされる理由がまったく違うことが多く、とても情けなく、そして申し訳ない気持ちになりました。今でもそうですが、人が辞めていくことに慣れることは決してありません。

辞められたあと、「あの人がいたら」「この人がいたら」と思うたび、「一体、何をやっているんだ」と思いました。悩みの質が5年前の創業当時と変わっていない自分……。もともと、落ち込みにくい反面、合理主義であるわたしは「**10年後も同じことで悩んでいたら、これは本当にアホだぞ**」と思うようになりました。しかも、給料が払えないならまだしも、以前より給料が払えているのに人が次々と辞めていく。その要因を何が何でも突き止めなくてはと考え、実施したのが、今でも続けている**無記名の従業員満足度調査**でした。

その結果が実に衝撃的で、最初見たときは愕然としました。

「会社が好きか」という質問に「はい」と答えたメンバーは、全体の38%。

なんと6割以上のメンバーが、「会社が好きではない」と感じていたのでした。

オレは一体、何をやっているんだ？

外部からの評価は上々。「売り上げが伸びている」「いい会社だ」「成長企業だ」と褒め称える声ばかり、当時のわたしは耳にしていました。無論、経営者を前にしたら、メンバーたちも皆、「ありがとうございます」と笑顔で口にします。「元気でやっているか」「仕事がんばっているか」と聞けば、「はい！」とハキハキと答えるに決まっています。「あと2ヵ月で辞めようと思っています」なんて本音を、そこで言うわけがありません。

業績が順調に伸びているのに人が辞めていくという現実。ウエディング業界の多くの会社に見られる傾向で、いま振り返ると弊社も同じ沼にはまっていました。もし、仮にわたしが「上場したい」という気持ちがあったなら、「これも会社が成長するうえで仕方のないこと」と、どこかで割り切れたのかもしれません。でも、わたしの夢はそこにはありませんでした。

これで本当にいいのか？
本当にこれが成し遂げたかったことなのか？

離職を止める、メンバーの満足度を上げる。会社のことを好きになってもらう。その結果、人財探しに翻弄されることなく、業績も上がる。そうした組織をつくるにはどうしたらよいのか。それについて真剣に考えました。

わたしは経営者にとっての通信簿は二つあると考えており、一つは決算書、もう一つは従業員満足度です。その二つができていれば、顧客満足度というのは、むしろメンバーの通信簿といえます。多くの経営者が、つい決算書だけを自分の通信簿だと思って、従業員満足度を見過ごしがちです。無論、決算書は確かに重要で、決算書でうまくいっていないところは従業員満足度も軒並み低くなりがちですが、その反面、決算書がうまくいっているにも関わらず、従業員満足度が低く、離職率の高さに翻弄され、常に人財不足に悩まされるということが私たちのようなサービス業では頻繁に起こります。それを阻止する方法は、ただ一つ、**メンバーの「本当の声」に怖がらずに向き合うこと**だとわたしは思っています。

いま振り返ると、それまでの自分は確かに一生懸命でしたが、情熱とエネルギーだけで突き進んでいたようなところがあり、メンバー一人ひとりの人生までは考えていませんでした。経営者が一生懸命なのは当たり前です。でも、それだけだとメンバー一人ひとりを幸せにすることはできません。「この人と燃えている」と思う時間が一瞬だけなら良いのですが、1年、2年と月日を重ねるうち、当然のことながら皆、将来のことも考えます。まともな人間ほど、経営者がこの先どんなビジョンを持っているか、どんな未来予想図を描いているのかを知ろうとします。もし、仮に経営者にそのビジョンがないとしたら、メンバーも当然、自分の人生をそこに託しきれないと感じます。

当時のわたしに圧倒的に足りなかったのは、そのビジョンでした。「お客さまのために」という気持ちは強かったものの、一緒に働くメンバーの将来や、その家族の将来を考える想像力、そしてそれを担うだけのビジョンがありませんでした。

そうして、それを一から考えるうち

HAPPY PEOPLE MAKE HAPPY PEOPLE
（幸せな人が幸せな人をつくる）

という企業理念を掲げるに至りました。どんな会社にしたいか？　という根本的なことを見据えたとき、わたしはシンプルに「皆が自分のことを好きと思える会社」が浮かびました。

と同時に、自分が経営についてまったく無知であったことを反省し、その頃からいろいろな研修を受け、さまざまな本を手にするようになりました。その中でも、当時出会った講師の言葉がその後の自分の人生に大きな影響を与えました。自分がどれだけ人を育成することができず、どれだけの有能な人財を今まで流出してきたか。そんな話をしたうえで、その方を講師として招き、コーチングのアウトソーシングをお願いしようとしたところ、静かな口調で次のような言葉をかけてくださいました。

「それだけ従業員のことを考えて、それだけ会社のことを真剣に思っていれば、あとは人に任せることなく自分自身が従業員たちとまっすぐに向き合えばいいんです。多くの経営者が分かっていませんが大事なのはハートで、もうそれをあなたは理解している。すでにあなたは充分、優秀なコーチです。ならば、あとはやるだけです」

以来、わたしは毎年コツコツとメンバーとじかに向き合いながら、共にさまざまな組織改革を行なってきました。おかげさまで昨年、弊社は無記名の従業員満足度調査で、メンバー全員から、「100%会社が好き」という評価を得ました。それだけではなく、70名規模の地方にある中小企業でありながら、募集をかければ3000名以上の大学生から応募を獲得できるようになり、大企業の内定が決まっていた優秀な人財が、会社説明会や面接を通して弊社のビジョンやマインドに共感し、弊社に就職を決めることも珍しくありません。また、結婚したからといって退職する女性がゼロというのも、弊社の大きな特徴で、優秀な人財を軸とした新事業も次から次に誕生しています。

この本では、10年前の挫折をきっかけに、わたしとわたしの仲間たちが、真剣に向き合い、ともにコツコツと築いてきた、メンバーの満足も業績もグングン伸びる企業カルチャーについて紹介します。そこで働く人たちが100%会社を愛し、よい人財が集まる循環が生まれています。

結論から申し上げると、【これをやれば離職は食い止められる】【メンバーの満足度が上がる】という特効薬はありません。家を建てるように、基礎工事から一つずつ築き上げることでしか、離職も止められなければ、メンバーの満足度も上げられません。だからこそ、これを手にした皆さんには、まずはその基礎となる考え方を理解して、最短かつ最小のコストで、

当たり前のことを、バカにせず、バカになって、ちゃんとやる。

そうした人財が集まる組織をつくる方法を習得してもらいたいと思います。あくまでここで学

んでいただくのは、テクニックやハウツーではなく、人が何によって動くのか。どんな人間関係を形成できれば良いコミュニケーションの循環が生まれるのか。人のモチベーションはどこからくるのか。そして、利益は何から生まれるのか。そうした根底的な考え方です。

では、前置きはこのくらいにして、まず人が辞めたがらない組織とはどういうものか、詳しく説明していきます。

2月
たくさんの笑顔が見たくて
ありがとう
いつも
4月
いざ!! 進め!!
6月
今年も頑張ります
大人だって全力勝負♡
年に1度の
Summer Party

9月
心も体もピッカピカ
美味すぎる
10月
11月
BBQ
ここからスタート
1月
あけましておめでとうございます
Kanisawa

目次

第二章　風通しの良い企業文化　49

第三章　承認欲求が満たされる人事制度と報酬手当　67

第四章　社内逸材の発掘と育成　85

第五章　リーダーの条件と育成　107

BRIDE TO BE

第六章　全メンバー人事部の新卒採用　135

第九章　夢　

ILLUSTRATIONS

CALIOGRAPHY

PICTURE BOOK

EDITORIAL DESIGN

flippers

デザイン案
タイトルデザイン
撮影
イラスト描き
タイトル案
HANDS UP!!

Let's go!!

第一章
企業理念とオキテと社内クレド

匿名性の従業員満足度調査をやる意義

会社が変わるために真っ先にやるべきこと。それはなんといっても経営者の意識改革です。それに最も効果的なのは、ショック療法ともいえる**【メンバーの満足度調査（以下略、ES調査）を無記名で行なうこと】**でしょう。ポイントは記名式では絶対にやらないことです。特にこれまでこうした調査を一度もやったことのない経営者にとっては、メンバーの会社や自分への評価が露骨になることは、非常に怖いことと感じるかもしれません。しかしながら、メンバーの本音と向き合わない限り、いつまで経っても本気の組織改革を進めることは不可能です。

とはいうものの、ES調査だからといって大げさなことをする必要はなく、メンバーにヒアリングする項目は、左ページに記した10項目のみで十分だとわたしは考えます。掛かるコストも0円なので、すぐにでも実行できます。**大事なのは従業員の本音に真摯に向き合おうとする経営者のハート**です。従ってES調査を実施したら、どんな結果であれ隠すことなくメンバー全員にすべてをさらけ出すようにしましょう。その上で「現状はこうで、こういう指摘を皆から受けたけれども、必ずこのように変えていく」と経営者である自分の決意と覚悟を、結果をコミットする期間を設定した上で直接メンバーに伝えます。

ちなみに弊社の場合は、最初のES調査を実施した後、この期間を3年と定めました。論理的な理由は特にありませんでしたが、あまりの指摘の多さに、やらなくてはならないことが多すぎると感じ、そのように伝えました。

ES調査は多くのHR系のマーケティング会社やリサーチ会社が有料サービスを提供していますが、わたしはわざわざ高い費用を払ってまで細かいES調査を行なう必要はなく、あくまでこの10項目で十分だと考えています。なぜなら、メンバーが会社を好きになり、組織の風通しが改善されれば、各メンバーの要望や欲求は、おのずと経営者の耳にも入るようになり、その都度把握できるようになるからです。

ブライド・トゥー・ビー　ES調査基本の質問10項目

【基本の質問】

①会社の将来は安心か？

②人事評価は納得できるか？

③給与には満足しているか？

④仕事はきつすぎないか？

【満足についての質問】

⑤やりたいことはやれているか？
⑥リーダー（上司）に褒めてもらっているか？
⑦自分の成長を感じられているか？
【究極の質問】
⑧会社のことが好きか？
⑨会社に引き続きいたいか？
⑩会社に一体感はあるか？

ESを上げるにはまず理念づくりから

弊社が、最初に無記名のES調査を行なったのは2012年のことです。その結果、まず分かったことは、メンバーの満足度を上げるためには、採用から根本的に見直さなければならないということでした。当時の弊社の採用面接は、能力があるかどうかの判断に終始して、最も大切な価値観についての確認が皆無だったのです。価値観は正しい正しくないではなく、合う合わないなので、入社後に変えることはなかなか難しいものです。さらに悪いことに、当時の弊社の採用では、全メンバーで共有すべき価値観が定まっていなかったため、個々の採用担当者の価値観への依存が強い傾向にありました。その結果、統一性のない多種多様な価値観を持つ人財が社内で混在し、根本的な考え方の違いによる埋まらないギャップが組織内のひずみとなっていたのです。

誤解のないようにお伝えしたいのですが、採用において共有すべき価値観を明確化することは、似たような個性のメンバーばかりを採用するということではありません。個々のメンバーが生きとそれぞれに違う個性を最大限発揮できる職場であるためにも、根本的かつ絶対的な価値観だけは共有しておく必要があると言いたいのです。それが**企業理念**と呼ばれるものであり、弊社では、最初のES調査をきっかけに企業理念に基づいた経営や採用を徹底するようにしました。企業理念の骨組みがしっかりしたことで、心からそれに賛同するメンバーが集まり、一丸となって会社を運営することが可能となりました。「動物園みたいに個性的なメンバーが集まっている」と評されることが多い弊社ですが、最新のES調査では、**80％以上のメンバーが【会社には一体感がある】、100％のメンバーが【会社のことが好き】と回答**し、この結果をわたしはとても誇りに思います。

理念づくりの三種の神器

個々の満足度とチームワークが両立する企業理念にするには、全メンバーが腹落ちして、なおかつ分かりやすい内容でなければなりません。自分たちの存在意義、目的達成のために大切にすべきプロセス、そして実現すべきこと。この3点を全メンバーのハートに突き刺さるような端的な言葉で表現する必要があります。ちなみに弊社の理念は次の通りです。

【プライド・トゥー・ビーはサービス業を愛する人達のために存在し、ナンバー1のチームワークを目指しながら、HAPPY PEOPLE MAKE HAPPY PEOPLEを実現します】

いかがでしょう。あなたのハートに、この言葉は突き刺さるでしょうか。

理念を日常の行動に移す「オキテ」

とはいえ、毎日の行動に落とし込めなければ、企業理念の価値は薄れます。そこで、弊社では理念プラスして**【10個のオキテ】**というものを設けています。

オキテとは、全メンバーが実践する共通の行動指針です。理念プラス10個のオキテに共鳴できるメンバーで一丸となって会社を運営していく再スタートが切れたこと。今振り返ってみても、これがESを上げる大きな第一歩だったと感じます。

ESを上げるには、まずは全メンバーが共有すべき価値観である企業理念を明文化し、次にそれに共鳴するメンバーで会社を組織すること。根幹となるこの二つができていない状態では、いくら会社を良くする施策を打ち出したところで効果が出ず、結果的にESも下がることになります。

「オキテ」の決め方

無論、オキテが企業理念に沿った内容であることは大前提として、どのようにオキテを決めていけばよいのでしょう。

まず、定めるオキテは数個で十分です。オキテをたくさん掲げることよりも、メンバーにしっかりと浸透することに注力してください。

オキテを決める際、最初のステージで行なうことは、オーナーや社長といった会社において絶対的な存在の想いを明文化することです。企業理念を実現するために、具体的にどんな会社にしていきたいのか。どんな会社でなければいけないのか。これをはっきりとメンバーに分かるように表明します。現状に固執する必要はなく、「どんな会社にしたいか」という理想や未来志向を明確化することが大切です。なおかつ、全メンバーが日々行動に移せる内容を意識し、一部のメンバーだけに関係があったり、意識する機会が少なかったりする内容は排除しましょう。

次のステージでは、全メンバーによる参加ワークショップを行ない、オーナーや社長の想いをより具体的に練ります。会社の規模が大きい場合は、一同に介さずとも、年齢も職種も職位もシャッフルし、グループを構成するとよいでしょう。

このワークショップでは、個人から行動に焦点を移しやすい質問を心掛けます。例えば「うちらしいメンバーは誰?」と質問し、次に「そのメンバーのどんなところがうちらしいのか」と聞きます。こうして何人かの具体的な行動が挙げられると、その共通点が見出しやすくなり、その上で、自社が今後も勝ち続けるために必要なキーワードを絞ります。

全メンバーのワークショップを終えたら、次は最後のステージとして、リーダーのみで行なうワークショップです。ここでは会社の強みをどんどん挙げ、その中から共通するキーワードを絞り込んでいきます。強みを意識したオキテは浸透しやすく、また行動に移しやすいといったメリットがあります。強みのキーワードが絞り込まれたところで、自社が今後も勝ち続けるために必要なキーワードに絞り、そのキーワードを使って明文化をしていきます。どのステージでも必ず企業理念に沿っているかを確認するようにするとぶれることがないでしょう。

企業理念とオキテは絶対遵守がルール

企業理念とオキテの完成後は、メンバーだけでなく、経営者も同じように遵守していくことに

オキテ
お客様を自分の親友や兄妹と考える
あらゆる局面での判断においてチームワークを優先する
何事にも情熱を持って積極的に挑戦する
仲間の力になる為に自分の強みを延ばし続ける
マイプレジャーの実践に真剣に取り組む
お客様に自慢できる元気な朝礼を作ることに真剣に取り組む
社会貢献の実現に真剣に取り組む
掃除に妥協せず真剣に取り組む
プライド・トゥビーファンを作ることに真剣に取り組む
常にサプライズを忘れずに真剣に取り組む
Taki Taki

なります。ここに例外はありません。そしてその理念やオキテが絵に描いた餅にならないように、さまざまな施策を実行するよう努めます。

起業したあとで、理念を変え、オキテを定めると、当然のことながら既存メンバーの中に合わないメンバーも出てきます。弊社も例外ではなく、創業6年目に理念とオキテを定めたため、当時の既存メンバーにとっては、いわば後出しジャンケンとなりました。こうした場合、経営者が誠意をもってメンバーと向き合い、話し合う以外に道はありません。とはいえ、どんなに誠意をもって話しても、価値観が合うか合わないかの話となりますので、去っていくメンバーも当然出てきます。非常に辛いですが、どちらが悪いわけでもないのです。弊社では以降、しっかりと話し合った上で、それでも企業理念やオキテに合わないというメンバーは採用しない。そして退職も止めないことをルールにしました。

企業理念とオキテを全メンバーが理解し、共感することはそれほど重要であると考えます。

社内クレドの意義

絶対厳守である企業理念やオキテに対し、365日実践するのは難しいものの、心がけとして常に意識してもらえるよう、手帳ファイルにしてメンバーに配っているのが、**社内クレド【マイ**

プレジャー】です。企業理念を憲法、オキテを法定に例えるなら、マイプレジャーはいわば経典、何かを判断するときや決定づけるときの拠り所となるバイブル的な存在です。弊社が大切にしている信条やポリシー、ありたい姿を簡潔に記しています。

弊社では10年以上前に、このマイプレジャーという名のクレドをつくりました。50項目あり、他社が掲げる一般的なクレドよりも、かなりボリュームがあります。

なぜこの時代にデータやアプリではなく、あえて紙で配るのか。それは、それだけこの社内クレドが特別ものであることをメンバーに意識してもらいたいからです。スマホに保存できるようなデータで配ると、どうしても埋もれてしまいがち。ほかにもさまざまな情報のやりとりがされるので、いずれ忘れられてしまいます。しかし、お金をかけて、手帳にすることで、特別感は伝わるのと、常に手元に置いておくことで「迷ったり悩んだりしたときに、何気なく開く」といったバイブル的な使い方が可能になります。**デジタル世代にこそ、大事なことは紙で配って価値を伝えるべき**だとわたしは思います。

実は弊社では昨年から社内クレド改訂のプロジェクトチームを結成し、大幅改訂を行ないました。先日、全メンバーが集まるキックオフミーティングで、この手帳型の新しいマイプレジャーが配られましたが、受け取ったときのメンバーのうれしそうな表情と歓声を思い起こすと、いまだに喜びでいっぱいの気持ちになります。それくらい驚きと興奮に満ちた瞬間でした。マイプレジャーが、メンバーにとって大切な存在になっていることを感じられた瞬間でした。

では、社内クレドはどのように決めていけば形骸化しないのでしょうか。

まず第一に、**メンバーが共感できる社内クレドの存在意義をしっかりと構築し、共有することが大事です。** 無論、この存在意義は企業理念に沿ったものである必要があります。ちなみに弊社の社内クレドの存在意義は、メンバーの成長を一番に考え、「ナンバー1のチームをつくるための行動指針」としています。「何のための行動指針なのか」を具体的に決めることで、社内クレドの方向性が明確化します。【お客さまのために】なのか、【会社の利益のため】なのか、【メンバーの成長のため】なのか。もちろん行動指針ですので、全員がいつも完璧にできている必要はありません。「迷ったときに読み返してみよう」、「完璧にはできなくても心がけていこう」とメンバーたちに思ってもらえたら良いのです。

次に必要となるのが、**存在意義に合ったネーミング**を決めることです。クレドという名称は覚えづらく、また愛着を持ちにくいので、社内クレドをより身近に感じてもらうためには、別の名称を考える必要があります。弊社が名付けた「マイプレジャー」〝My pleasure〟は、直訳すると「わたしの喜び」という意味があり、また〝You are welcome〟と同義で「どういたしまして」という意味もあるのですが、その中には「**あなたが喜んでくれることで、わたしはさらに喜びに満ちあふれることができます**」というニュアンスを含みます。社内クレドであるマイプレジャーを、メンバー全員が喜んで実践するようになってほしいという願いをこの名前に込めました。願いや想いが込められているネーミングを付けることは、その後の浸透に大きな影響を与えます。

そして最後の仕上げは、**ナンバリングのネーミング**です。弊社では、50項目あるマイプレジャー一つひとつをスピリット1、スピリット2、スピリット3というように、頭に「スピリット」を付けて呼ぶことにしています。**その一つひとつが大切なスピリット、魂である**という意味です。このように、社内クレドの存在意義に合ったナンバリングネームはその浸透を促進してくれます。

社内クレドに記載する「基本の考え方」

【マイプレジャー】には50個のスピリットがありますが、一つ目のスピリットは【誰でもできる、明るく、楽しく、元気よく】です。「子どものしつけではないのだから」と思われるかもしれませんが、これがしっかりとできる大人の集団は何をやるにしても大きな推進力があります。

50あるマイプレジャーの半数以上は、あいさつや身だしなみ、体調管理などの仕事をする上での基本的な考え方や姿勢についてですが、残りの半数はさまざまな意図で構成されています。一

SPIRITS.28

社内イベントは全力で楽しもう！

社内イベントは誰よりも全力で楽しんでいますか？
みんなが真剣に取り組んで、
全力で楽しむから意味があります。

そして、自分たちの代わりに幹事メンバーが準備してくれている事を忘れずに。
だから準備も積極的に手伝いましょう。
そうすればイベントがもっと楽しみになります。
みんなのイベントはみんなで作っていきましょう！

どんなことでも真剣になれる人ってカッコイイ！

SPIRITS.25

身近な仲間からサプライズ！

家族や恋人はもちろん、
日々一緒に仕事をする
仲間やパートナーさんから
どんどんサプライズを仕掛けましょう。

仲間の誕生日、パートナーさんの創業記念日、
頭に入っていますか？

たくさん考えて行動すれば、どんな事でも
きっと喜んでくれます。

身近な人を大切にできる人は
お客様も大切にできる人！

SPIRITS.44

どんどん任せて、きっちりサポート！

先輩はどんどん後輩に仕事を任せましょう。

後輩の成長のために
できるかできないかギリギリだと思うことを
任せることが先輩の一番の使命です。

後輩に任せたら、
先輩はきっちりサポートしてあげましょう。
そしてその後のフィードバックが何よりも大事です。

先輩は責任を持って後輩を育成しよう！

SPIRITS.40

思い切ってやってみよう！

まずは、思い切ってやってみましょう。
転ぶ事を恐れず、思いっきりぶつかって、
もし転んだら早く立ち上がって、
軌道修正をしましょう。

やって初めて分かることがあります。
やらないと分からないことがあります。
「やってみた」を意識しましょう。
その経験から何を得るかが大切です。

意外と「うまくいかなかった」ことの方が
学べる事は多い！

つはリーダーや先輩が大切にすべきスピリットです。そこでは、仕事の任せ方や叱ることについて、後輩の提案への考え方や性善説で考える大切さなどを伝えています。例えば、【何事もタイミングが大切】というスピリットには、次のような一文が記されています。

何事もタイミングによって受け取り方が変わります。例えば褒めるタイミング、叱るタイミング、どのタイミングで褒めたら効果的ですか？　そのタイミングで叱ると素直に聞けますか？今言うべきですか？　それとも後で言うべきですか？　正しいことこそ伝えるタイミングを考えよう。タイミングによって効果はまったく変わります。伝えるタイミングをまちがえない人は後輩からの信頼も厚い！

マイプレジャーに書いてある内容は、基本的な考え方のみです。各々直面した状況下で、マイプレジャーの考え方を生かし、どのような行動を取るかを自身で決め、個性を存分に発揮して解決してもらうようにしています。また、リーダーがメンバーの相談に乗る際も、「マイプレジャーにこう書いてあるからこうしてみよう」と意思決定ができるので、アドバイスがしすくなります。

また、仕事がある程度できるようになってきたメンバー向けに【成長にゴールはない】【外の世界をどんどん見よう】【自分の経験を仲間のために】といったスピリットを設けています。さらに、【自分が会社の顔】という企業文化を鍛えるためのスピリットがあり、そこには次のように記してあります。

文化をつくるのは会社ではなく、メンバー一人ひとりです。自分が会社の顔であることを自覚しましょう。社外で会う人にもシェイクハンドはしていますか？マジックはしていますか？NGワードは使っていませんか？一人ひとりの行動が会社のイメージにつながります。合言葉はI am Bride to be！

これ以外にも、【ニックネームで呼ぼう】、【身近な仲間からサプライズ】、【成すために何を成すか】など、企業文化を鍛えるためのスピリットがたくさんあります。わたしは**会社における価値観をしっかりと盛り込んだ社内クレドは、会社の血管のような役割を果たしている**と考えます。

形骸化を防いで社内クレドを広めるために

とはいえ、どんなに立派な社内クレドが完成しても、それが形骸化してしまえばまったく意味を成しません。そこで弊社では社内クレドが全メンバーに好意的に浸透するように、いくつかの仕掛けを設けています。

一つ目の仕掛けは、会社の理念や社是などに、この社内クレドを大切にするという決意を入れることです。弊社では、前述の10個のオキテのうちを【マイプレジャーの実践に真剣に取り組む】としています。このオキテは毎日の朝礼で必ず復唱するので、非常に効果があります。

二つ目の仕掛けは、マイプレジャー委員の選抜と月間マイプレジャー大賞の設定です。弊社では、この委員を立候補制（ハンズアップ）により選びます。マイプレジャー委員は今月の大切なスピリットを毎月選び、全メンバーに伝えます。この今月の大切なスピリットを一番実践できていたメンバーは誰なのか、全員が投票し、月間マイプレジャー大賞が選ばれます。

この毎月のスピリットは会社の状況や時期も踏まえ、マイプレジャー委員が決めます。例えば毎年5月の月間マイプレジャー賞は【新しい仲間は全員の宝】というスピリットがよく選ばれます。また忙しいブライダルのオンシーズンである10月や11月には【どんどん手伝おう！】や【バックヤードもキレイに！】というスピリットが、風邪をひきやすい冬などは【体調管理にプロ意識が表れる】というようなスピリットがよく選ばれます。この月間マイプレジャー大賞の受賞には1年目のメンバーにも大きなチャンスがあります。全員に平等にチャンスがある賞ですので、非常に意識も高くなりやすいです。また大賞の景品も委員がアイデアを絞ってユニークな賞品を選んでいます。お金ではなく、賞品にすることも大切なポイントと感じています。もちろん、誰が受賞したのかは、社内連絡で写真とともに全員に共有されていきます。メンバーの承認欲求を上手に刺激することができれば、社内クレドはさらに浸透していきます。

三つ目の仕掛けは、人事評価に組み込むことです。弊社においては、全メンバー共通の10個の評価項目の中に、【マイプレジャーの実践に真剣に取り組んでいますか?】というものがあります。評価の仕方は◯△×です。このように1年に1度の人事評価にしっかりと組み込むことで、社内クレドを大切にする文化を築くことができます。

四つ目の仕掛けは、マイプレジャーの形状です。小さな手帳のようなサイズで、切り離しが可能なメモ帳をつけ、ペンも差せるようにしており、普段の仕事でも携帯しやすく、使いやすいよう工夫しました。

五つ目の仕掛けは、社内クレドの内容にあります。仕事のためだけでなく、今後の人生に生きる内容であることが大切です。「仕事を超えて、楽しく幸せに生きるための考え方が書いてある」とメンバーが受け取ることができれば、社内クレドの浸透は加速すると思います。

会社における価値観や考え方をしっかりと盛り込まれた社内クレドの浸透は、一体感のある組織をつくり出し、リーダーの目が届かない細部にわたる活動をコントロールしていきます。そういう意味でも、社内クレドは会社の血管だと思います。

健康な血管は健康な身体をつくります。ぜひ全メンバーが共感し、メンバーの心に浸透する社内クレドをつくってみてください。

ぶーん
チリーン

第二章
風通しの良い企業文化

職場の風通しが良い状態とは

メンバー一人ひとりがチームのためになることを自由に発言でき、自発的に行動し、どんなことでも立場や職位を関係なく相談し合え、その結果、会社の決定事項に対して不明なことや理解不足が極力少ない状態。それが企業にとっていわゆる風通しの良い状態だと考えます。

弊社のことをよく知るパートナー企業さまから「上司も部下も分け隔てなく仲が良いですね」と言われることが多いのですが、わたしの考えでは**【仲が良いのは当たり前】**、それよりも**【会社の風通しが良い】**ことを重視しています。

会社の風通しが悪くなると、リーダーが裸の王様となり、その成長が止まることでチーム全体の成長も止まります。その結果、愚痴や陰口が多くなり、チームワークがさらに悪化。「言ってもムダ」というあきらめの文化が根付いてしまい、逆に一人ひとりの素晴らしい気づきが埋もれてしまうなど、会社にとってはダメージだらけです。だからこそ、会社の風通しは重要と考えます。

悪口の完全NG化で職場を明るく

ちなみに弊社では**【悪口を徹底して禁止】**しています。「悪口」と一言で言っても、さまざまです。

会社に対して、仲間に対して、リーダーに対して、関連会社に対して、お客さまに対して、競合会社に対してなど、ひとたび悪口が始まれば、とどまることを知りません。それが悪口です。当たり前のことですが、組織の中において、「悪口」はないに越したことはありません。誰もがそう思っているはずです。

それにも関わらず悪口がなくならない、もしくは減らない組織が蔓延しているのはなぜでしょう。これは果たして本当に仕方のないことなのでしょうか。私たちは悪口に打ち勝てないのでしょうか。悪口のない組織はつくれないのでしょうか。

【悪口の限りなく少ない組織はつくることができる】とわたしは確信しています。実際に、弊社においては、どのメンバーに聞いても悪口はほとんど聞かないと返ってきます。

【悪口の限りなく少ない組織】を形成するにあたり、まず大切なことは、第一章で述べた企業理念やオキテに、**「チームワークを何よりも大切にする」**とはっきりと明示することです。ちなみに弊社では、企業理念に**「ナンバー1のチームワークを目指す」**と記してあります。さらにオキテにも「あらゆる局面の判断においてチームワークを優先する」という項目を設けています。その企業理念やオキテを、全メンバーが共感し、理解していれば、必然的に悪口はまず減ります。

次に大切なのは**【理念採用】**です。採用段階においても、企業理念とオキテに心から共感しているか、自社の風土に合った性格適性があるかをしっかりと見抜ける選考プログラムを準備しています。それを見抜くには客観性を維持することが重要となりますので、適性テストを実施し、個人プレーよりもチームプレーが好きな学生、チームワークが得意な学生を選別していきます。

ちなみに、面接能力が高い学生は性格診断テストの結果、個人プレーの方が得意であることがよくあります。面接能力も高く、なおかつチームワークにも長けている学生は企業にとって希少な存在です。このように企業理念や会社のオキテに、悪口を言わないという基本姿勢を示し、その文化に共感する学生のみを採用することが重要です。

さらに、悪口を言わないという文化を根付かせるために、人事評価にも悪口NGに関する項目を組み込みます。弊社の人事評価は全メンバー共通のものと所属と職位により変わるものがそれぞれ10項目ずつあり、計20項目あります。その全メンバー共通の10個のうちの一つに、「あらゆる局面においてチームワークを優先する」というものがあります。評価は◯△×で行ないますが、悪口やチームワークを悪化させる発言が目立てば、当然×が付くことになります。

これをさらに強化するには、昇格基準にも盛り込むことです。例えば、一般企業の主任にあたるチーフに昇格するかどうかの際の基準の一つに、弊社では**「後輩への愚痴は厳禁で、仲間にポジティブな影響を与える姿勢や発言である」**とあり、悪口やネガティブ発言が目立つメンバーは、主任になれない仕組みです。その上の階級となるリーダーに昇格する際も、**「後輩への愚痴や好**

き嫌い、自分と合うか合わないかも厳禁」という条件が記されています。このように人事評価や昇格基準を活用し、悪口を言わない文化をしっかりと根付かせ、悪口を言うメンバーの昇格がないように仕組み化すれば、自然と悪口は社内から淘汰されます。

何よりも大切なことは、わたしを含めリーダーシップを図る人財が誰に対しても悪口を絶対に言わないと強い意思を持つことです。

例えば、最近では競合会場のスタッフが弊社の悪口をお客さまに伝えていたことを耳にし、弊社のメンバーが憤っている姿を目にしました。その悪口の内容は、まったく真実でないことばかりです。内心、確かに「こんちくしょう」と思いますが、そのようなときこそ、リーダーとしての毅然とした姿勢をメンバーに示す絶好のチャンスです。わたしはこのメンバーに対し、「自分がされて嫌なことはしないこと。憤るよりもお客さまに喜んでもらえる方法を考えよう。競合会場はきっとウチには勝てないと思うから悪口を言うんだよ」と伝えました。こうしたネガティブ発言をポジティブ発言に変える意識を常日頃から心掛けるようにしています。

リーダーが悪口に対して毅然とした姿勢で臨むことができれば、メンバーがダークサイドに堕ちることを極力防ぐことができます。

弊社もかつては悪口が横行した時代がありましたが、こうした日々の努力を全メンバーとともに積み重ね、悪口が限りなく少なくなった今は、会社の雰囲気がとても良く、メンバーの表情も明るいです。

当たり前のことですが、そこには悪口を言われないという安心感や信頼があるからです。

ぜひ、悪口のない組織づくりに取り組んでみてください。

NGワードづくりでネガティブな雰囲気を払拭

悪口同様、弊社では仕事上で使ってはいけない**【NGワード】**というものがあります。

数年前、あるミーティングで、入社10年目のメンバーが「わたしたちのような下々のような者は」という発言をしたことがありました。今でもはっきりと覚えていますが、その**【下々】**という言葉を聞いて、わたしは愕然とし、気絶しそうになりました。一見、へりくだっているように聞こえる「下々」という言葉ですが、そこには役職に就いてない者は意思決定や発想の自由がないことを肯定するような、そんな強烈なネガティブマインドが含まれています。それは風通しの良い文化とは真逆の発想です。そのことがきっかけで、社長である自分の知らないところで、とんでもない言葉のやり取りが存在していることに気づかされました。それによりNGワードという文化が生まれたのです。

NGワードをつくる方法はいたってシンプル。まず、**自分たちが風通しや雰囲気を悪くさせ**

ると感じるネガティブな言葉をその都度ピックアップし、それを使うべき言葉に置き換え、リスト化していきます。

例えば、【指示】という言葉は【任せる】【託す】という言葉に置き換えます。その理由として、誰もが【指示される】よりも【任せた】、もしくは【託した】と告げられるほうがうれしいからです。【部署】や【セクション】もNGワードリストに入っており、代わりに【チーム】という言葉を使用することにしています。全員が【チーム】という言葉を日頃から意識的に使うことで、一人ひとりにチームという概念が根付き、チームワーク向上への意識や一体感が高まります。そのほか、【上司】や【部下】、【管理】や【やらせる】などもNGワード。上や下という文字は、風通しを考えると、使わないほうが良いことに気づかされます。【管理】という言葉も、自発性を育む上でかなりのマイナスです。

一昨年からは【社長】もNGワード入りし、わたしはメンバー全員から「誠英《せいえい》さん」、「誠《せい》さん」と下の名前で呼ばれるようになりました。たかが呼び方と思われるかもしれませんが、社長ではなく誠英さんと名前呼びされることで、メンバーとの距離は一挙に縮まりました。

このようなNGワードがメンバー全員に浸透し、代わりにポジティブなワードが使われるようになると、会社の雰囲気はガラリと変わります。うれしいことに、最近ではメンバーから新しいNGワードが提案されるようになってきました。ユニークなものでは【現場】という言葉がメンバー同士の意見によりNGワード入りし、現在では【表舞台】や【第一線】【フィールド】という言葉が使われています。【忙しい】や【大変】は、【やりがいがある】【燃えてくる】に、【問題】は【課題】や【チャレンジ】に。言葉には当然のことながら言霊があります。こうしてどんどんネガティブなワードがポジティブなワードに転換されれば、どんよりとした空気を一気に払拭することができ、風通しがよりいっそう良くなります。

無論、それぞれの企業においてNGワードは違っていて当たり前です。無意識で使用している言葉が、大きな武器となることもあれば、逆にマイナスとなることもあるでしょう。いずれにしても、会社の方向性を考えながら何気なく使っている日常の言葉を、時に立ち止まって見つめ直すことは良いことです。この施策には1円のコストもかかりませんので、ぜひ、チャレンジしてみてください。

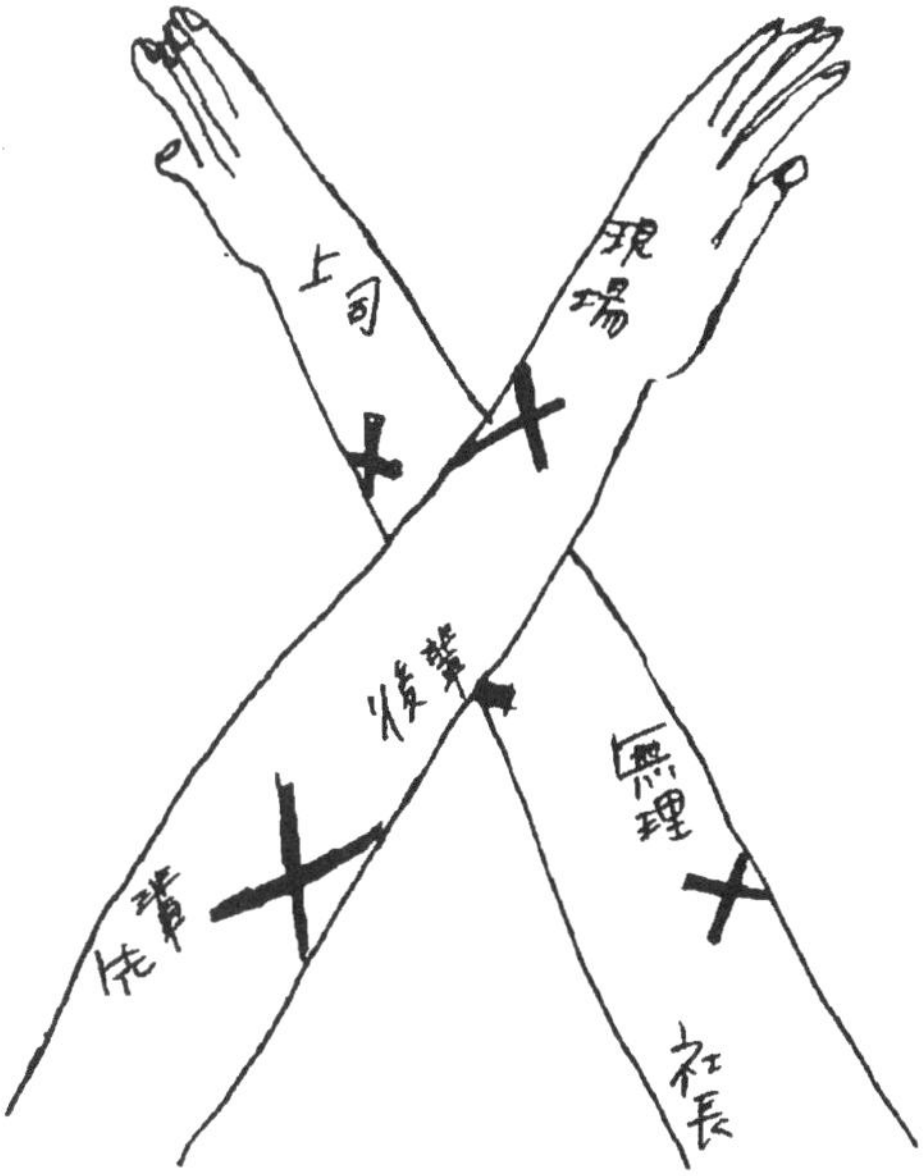

上司
現場
後輩
先輩
無理
社長

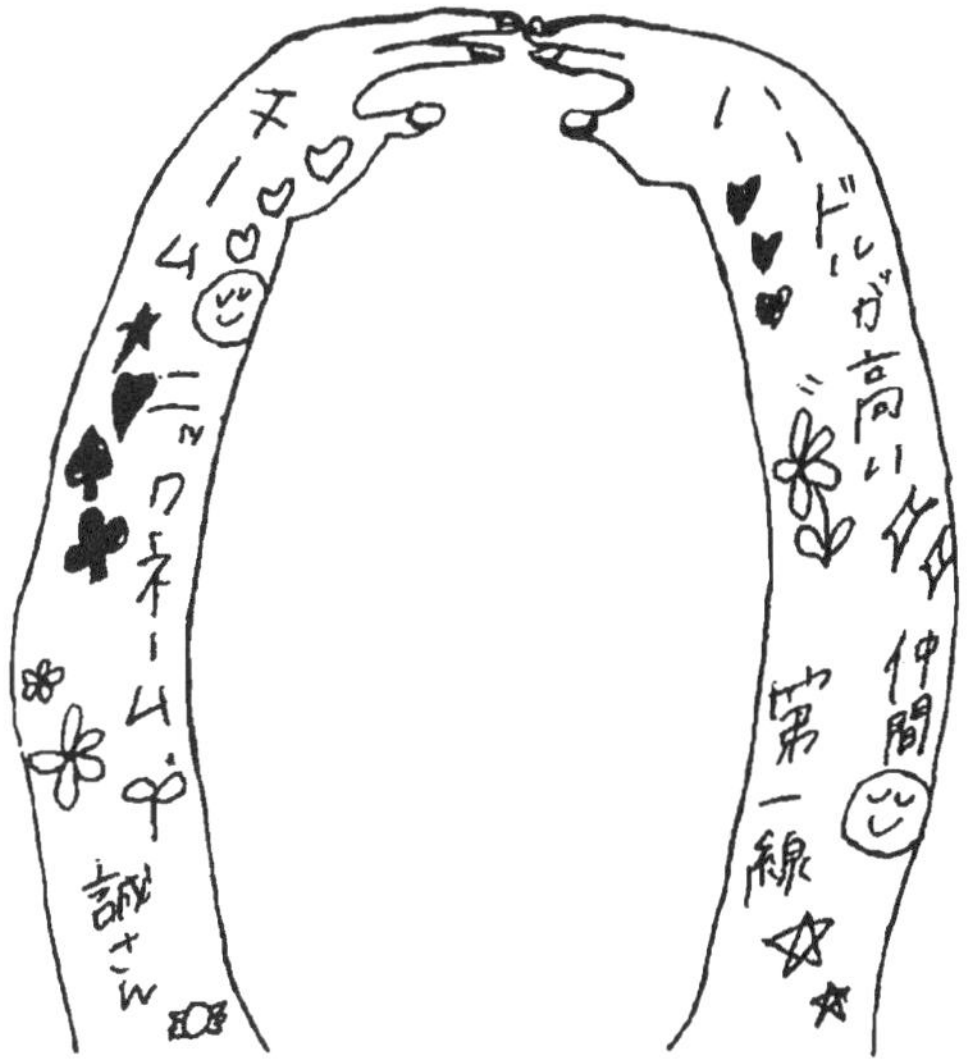

チーム
ニックネーム
誠さん
ハードルが高い
仲間
第一線

「活躍する人」「導く人」「意思を決定する人」

世の中にはさまざまな役職があります。主任・係長・課長・部長・本部長、わたしたちの業界であるホテルや結婚式場なら、支配人や副支配人そしてジェネラルマネージャーも役職です。そもそも役職とはなぜあるのでしょう。給与を上げるため、もしくは個々の達成感を得るためでしょうか？ ですが、わたしの考えは違います。役職を考える上で最も重要なことは、それぞれの役割と責任、そして権限をはっきりとさせ、役職に就いた本人はもちろんのこと、チームメンバーもそれをしっかりと理解した上で、個々が役割をまっとうしやすいような枠組みを明確化すること。それが役職を置く意義であると考えます。

自社における一般社員（平社員という表現は大嫌いです）と主任の役割や責任、そして権限の違いは何なのでしょう。さらにそれが、副部長や次長、部長代理や課長補佐と役職が増えれば増えるほど、責任と役割、そして権限の違いがどんどん分からなくなります。主任になれば後輩を教えるようになるということでしょうか？ ですが、よくよく考えれば、先輩が後輩に何かを教えるのは、役職があるからではなく、人間として当たり前のことではないでしょうか？ 主任にならなければ後輩のサポートをしないのであれば、そもそも主任になるような適性はありません。

もちろん弊社もサービス業ですので、お客さまに渡す名刺には支配人やシェフなどと役職を明記します。ただし、社内では、**メンバー同士は名前やニックネームで呼び合うことがルール化**していますす。「支配」や「長」などという言葉が付くと、途端に相手との距離を感じざるを得ないからです。

そこで弊社では、役職の呼称をオリジナリティあふれるユニークなものにしています。

一般社員と主任は**【活躍する人】**です。給与は勤続年数や能力に応じて違いますが、1年目でも5年目でもリーダーでなければ同じ活躍する人となります。文字通りお客さまに向かって表舞台で活躍する人という意味です。

一般的な企業でいう係長や課長は**【導く人】**です。活躍する人が活躍できるように導く、チームの成果が出るように導く、役割と責任は文字通りの意味です。また、チームに認められている権限の範囲内のことは基本的に何を決めてもよく、予算も自分の判断でいかようにも使うことができる権限が導く人には与えられています。実は少し前まで、この【導く人】はかつて【まとめる人】と呼ばれていましたが、【まとめる】という表現が少し上から目線であるかのように感じ、また、よりメンバーの自発性を促進する言葉に変えたほうが良いという考えから、一昨年から【導く人】としました。

一般的な企業でいう部長にあたるリーダーは**【意思決定をする人】**です。**リーダーの一番の仕**

事は意思決定であるとわたしは考えます。この名称は、意思決定を最終的にする人にそのチームの責任があるということを明確化することに一役買っています。チーム全体の予算の決裁権はもちろんのこと、人事に関する権限もリーダーは持っています。

そのほかにも、チームの垣根を越え、メンバー全体をサポートする役割を担うメンバーに対し、**【水を運ぶ人】**という役職を新たにつくりました。文字通りメンバーの喉が乾かないように、全てのチームを渡り歩いてサポートしてもらっています。また、クープ・デュ・モンドやジャパンケーキショーのファイナリスト常連のパティシエには**【天才】**という役職をつくり、企業価値を高めることを役割とし、活躍できるようにしました。

さらに、わたしの右腕、つまり役員になるメンバーを育てたいと思ったときは、**【社長の代わりをする人】**という役職をつくり、銀行取引以外のすべての権限を渡しました。実際に2名のメンバーがこの役職を3年間勤め上げ、そのうちの1名が現在では取締役COOになっています。

ちなみに、現在は組織の課題が変わったため、この役職は存在しません。組織が成長するにつれ、組織の課題も日々変化するものなので、それに合わせて役職が変化することは自然です。わたしの右腕が育った現在は、次世代リーダーの育成と自走する組織づくりが課題となっているので、それに合わせた役職をいずれつくろうと思っています。

企業の成長や課題解決のために社長自ら想いを込めて役職のネーミングを考え、メンバーに期待する役割と責任、そして権限を明確にする。これこそが役職を設ける上で最も大切な要素です。**想いを込めて、シンプル・イズ・ベストの役職をつくってみませんか。**

上下逆の組織図が意識改革をもたらす

年度はじめや人事異動の際に更新されることが多い組織図。新しい組織図は、メンバーにとってかなり興味深いものです。ゆえに**組織図を侮るなかれ。**組織図には大きなパワーがあるのです。だからこそ**組織図には経営者の想いや信念を思いっきり込める。**これがわたしの考えです。

弊社の組織図の大きな特徴は四つ。

まず一つ目は**【組織図の上下が反対】**であることです。弊社の組織図は一番上にお客さまが配置されます。その下がパートナー企業さまとコンパーノ（弊社では仲間という意味合いでアルバイトをこう呼んでいます）、一番下層に弊社メンバーがきます。この組織図の順は、**お客さまに最高のサービスを一致団結して届けるためにも、パートナー企業さまやコンパーノの存在を常日頃から忘れず、大切にするように**という想いが込められています。

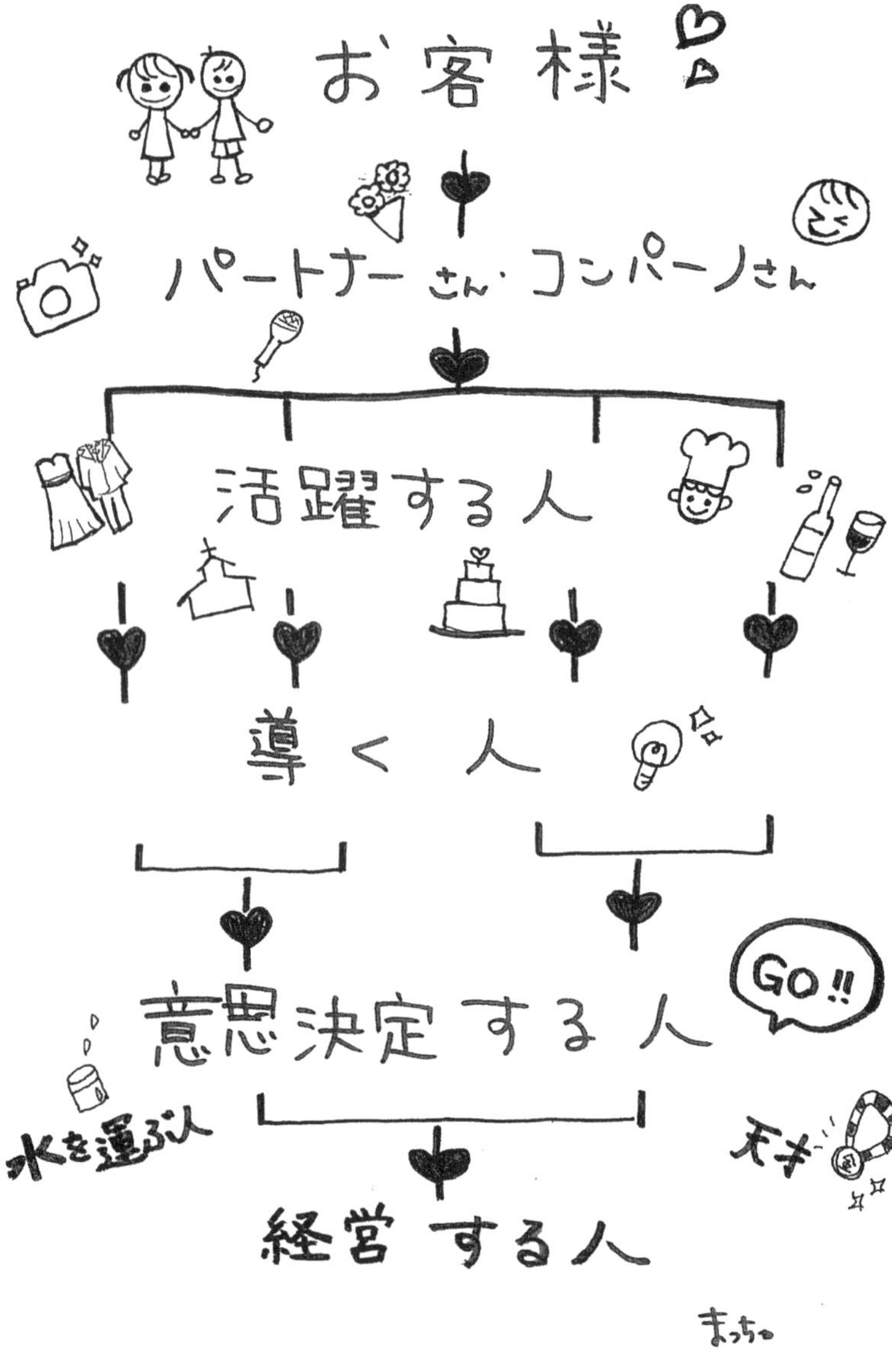
お客様
パートナーさん・コンパーノさん
活躍する人
導く人
意思決定する人
GO!!
水を運ぶ人
天才
経営する人
まっちゃ

ちなみに、前述したメンバーの上下に関しても、一般社員と主任にあたる【活躍する人】が真上、課長クラスの【導く人】が真ん中、部長クラスの【意思決定をする人】が真下に表記されます。原則として、キャリアの浅いメンバーから順に上から名前が表示され、役員会の枠は一番下になり、代表であるわたしは組織図の一番下に表示されています。こうすることで先輩が後輩を支える組織、リーダーが活躍する人を支える組織、役員がメンバー全員を支える組織であってほしいという経営者であるわたしの想いを組織図全体に投影させているのです。

さらに二つ目、風通しの良い組織つくりを目指すなら、**【組織図の縦割りを可能な限り少なくすること】**もポイントとなります。例えば、一つの結婚式場において、サービスとプランナーは同じ枠の中に表示されており、それぞれの役割は文字の色で区別するようにしています。キッチンとパティシエも同様です。これは働いている場所は違うけれども、**サービスとプランナーは同じチーム、キッチンとパティシエも同じチーム、それぞれが別ではなく協力し合う仲間であることを表しています。**

この組織図を使った意識改革は非常にうまくいき、今ではサービス・プランナー・キッチン・パティシエの垣根が限りなく皆無となりました。あまりの仲の良さに組織図の方が現実に追いついていない状況なので、今後は1店舗につき1枠をルール化しようと思っています。たかが枠、されど枠。見た目に枠が一緒であることが重要です。何事もシンプル・イズ・ベストです。

三つ目のポイントは、**【階層の数を少なくする】**ことです。P・F・ドラッガーの組織論によると、**【階層が増えるごとに組織は硬直化を増し、階層の一つが意思決定を遅らせる。情報量は階層の数が一つ増えるごとに半減し、雑音は倍になる】**といいます。わたしはこのドラッガーが提唱するフラット型組織に習い、階層を増やさずに組織を大きくしてきました。

従来のヒエラルキー型の組織ではなく、フラット型の組織を実現するには、

- **ポストをつくるために階層を増やさない**
- **組織が大きくなっても階層を増やさない**
- **組織の成長への対応を、階層を増やす以外 の方法で考える**

この3点が重要です。意思決定は何でも早ければ良いとは限りませんが、組織の階層が多いからといった非合理的な理由で、不必要な意思決定の遅れを招いては本末転倒です。

そして最後、四つ目のポイントは、**【会社やチームにおける方針や目標は記入できるようにする】**ことです。弊社でも会社としての今期の方針を毎年つくり、メンバーに伝え、その後もメールの署名に入れるなど、さまざまな工夫をしていますが、日常の業務で忙しいメンバー全員に覚えてもらうことはとても難しいです。その対応策として、バックヤードに張り出すことや、定期的に

更新がある組織図に今期の方針や目標などを表示することはとても効果があると感じています。

こうした四つのポイントを押さえながら、会社の課題や状況によって臨機応変に組織図を変化させることは組織のすばやい活性化にもつながります。弊社でも、以前は企業理念を組織図に入れていましたが、企業理念の浸透は近年課題ではなくなり、不必要と判断したために、現在の組織図には入れていません。会社とともに、組織図もまた進化を遂げています。

皆さまも自社の組織図を一度見直してみてはいかがでしょうか。

ハグみん！
Hug!する
評価する
育《はぐく》む

第三章

承認欲求が満たされる人事制度と報酬手当

メンバー満足度100%の人事評価制度「ハグみん」

第一章で述べたメンバーの満足度（ES）を上げるために弊社が行なった施策の中で、特に成果の出たものに、弊社独自の人事評価制度【ハグみん】があります。一見非常にふざけたネーミングですが、中身はとても真面目かつ最新の調査でもメンバーの満足度100%という結果が出ており、数ある弊社のオリジナル制度の中でも最も人気が高いものとなっています。

【ハグみん】とは、メンバー一人ひとりをみんなで育み、みんなで評価し、成長をみんなでハグする。そんな想いを込めた人事評価ミーティングです。弊社では年2回開催し、そのうちの1回は全メンバー対象、もう1回はステージアップ推薦と呼ぶ昇進推薦の場で開催しています。

また、ハグみんの目的は**【メンバーの成長のため】**の1点だけに絞っています。人事評価制度は個々の成長促進につながらなければ意味がありません。例え人事評価への満足度が上がったとしても結果的にメンバーのモチベーションが上がらなければ、会社全体の士気は停滞します。逆に、個々のメンバーが人事評価をきっかけに新たな仕事や責任のある仕事を任されるといったことが起きれば、メンバーのモチベーションは上がり、さらに会社の士気も上がります。だからこそ、人事評価も【メンバーの成長】のために行なうべきだと思います。

もう一つ、ハグみんを実施する上で大切にしていることは、**【公正ではなく、公平な評価をす**

ること】です。「**公正」とは英語で equity、共同体から見た正義の実現、「公平」は fairness で没利害を意味する言葉**です。弊社では、元来人間が人間を評価するという行為は神をも恐れぬ行為であると認識しています。人事評価は、その神ではない人間が行なうことなので、真に公正な評価は残念ながらできないとメンバーにははっきりと伝えています。ただし、公平な評価は必ず行なうと約束しています。評価者によって結果が左右され、甘い評価者に当たったから評価が高い、逆に厳しい評価者に当たったから評価が極端に低かったといったことがないように【ハグみん】を実施しています。

そもそも人事評価がうまくいく大前提とは何でしょう。それは**【あなたに評価されたくない】というネガティブ感情が皆無であること**です。どんなに素晴らしい人事評価制度を設定したとしても、評価する人間が信頼されていない状況ではその制度への満足度は上がりません。つまるところ、**人事評価者の育成こそが、人事評価への信頼を築き、満足度を上げるカギ**となります。

ハグみんは、人事評価担当者（以下略、評価者）が全員集まって開催されます。前述の通り、評価者の育成こそ人事評価への信頼を構築し、満足度を上げるカギとなりますので、評価者は例外なく全員参加です。その結果、自分の仕事や役職とは直接関係のないメンバーの人事評価も聞く機会が増えますが、これこそが評価者の育成には大事です。ハグみんと一般企業でよく取り入れられている360度評価の一番の違いはここです。評価者全員が自分とは直接関係のないメンバーの人事評価に立ち会うことで、「なるほど、そういうところも見なければいけないのか」と**【評価者が新たな気づきを得られる】**メリットは無限大です。

評価者がさまざまな視点で人事評価を行なえるようになれば、それだけメンバーは「自分をよく見てくれている」といった満足度が上がります。この効果を重視し、現在70名いる弊社では、2日間かけてこのハグみんを行なっています。

ハグみんの事前準備で行なうことは主に三つです。まず、評価点の高いメンバーから順番に並べたリストを作成します。次に全メンバーの評価結果を評価者全員に事前に配ります。そして最後、意見が割れたときのまとめ役を司るハグみんにおける責任者を決めます。

評価は、評価点の高いメンバーから順番に行なっていきます。まず、評価者が該当メンバーに対して**【評価のココロ】**を5分で説明。そのココロを聞いて、参加メンバーは、評価についての疑問点や意見を述べていきます。評価基準において、参加メンバーによって意見が割れるところは、議論を行なった上で責任者が評価基準を決めます。

次に評価項目とは直接関係のない、該当メンバーの素晴らしい点や改善してほしい点、これから期待する点などをどんどんコメントしていきます。ここで大事なのは、発言する評価者一人で

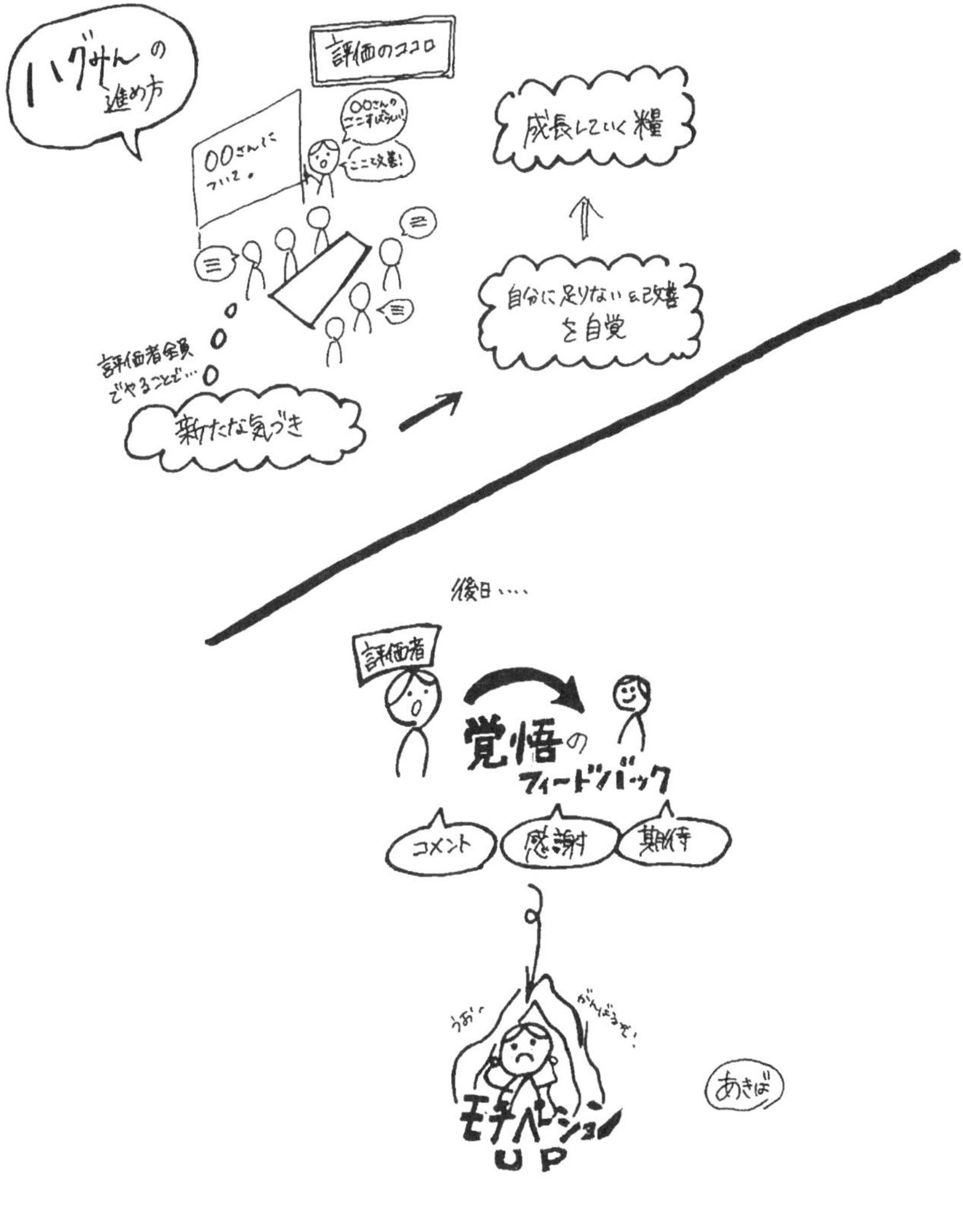
ハグみんの進め方
評価のココロ
○○さんのここすばらしい!
○○さんについて。
ここ改善!
評価者全員でやることで…
新たな気づき
自分に足りないこと改善を自覚
成長していく糧
後日….
評価者
覚悟のフィードバック
コメント
感謝
期待
うおー
がんばるぞ!
モチベーションUP
あきば

は気づけなかった点、見落としていた点を参加メンバー全員で補っていくことです。最後このステップにおいては、責任者が該当メンバーに対する想いや期待を伝え、人事評価を終えます。

これを10名ほど行なっていくと、人事評価基準がほぼ決まり、なおかつ評価項目の改善点も浮き彫りになります。改善点に関しては、次回の人事評価から反映させていきます。

最初の10名は時間がかかりますが、その後はスムーズに進みます。加えて、評価者の目線の高さや懐の深さなど、評価者レベルに差があることがハッキリしてきます。これこそが大切なポイントです。現状において評価者としてのレベルが低いことは悪いわけではなく、**ハグみんに参加したメンバー全員が自分に足りない部分や改善できる部分を他者の評価と比較することで自覚でき、成長していける糧となります。** わたしもメンバーから教えられることがたくさんあります。

こうしてメンバー全員の評価が終わったらハグみんは終了です。ただし、本当に大切なのはここからです。評価者には**【覚悟のフィードバック】**という使命があります。このような評価になった理由や、ほかの評価者から出たコメントなど、感謝と期待を乗せて必ずフィードバックを個別に行ないます。うれしいことだけでなく、自分の課題を周囲からの期待として受け止めることができるように、また評価結果を腹落ちできるように伝え、モチベーションを上げてフィードバックを終える。これこそが評価者の大切な最後の使命となります。その結果、評価されたメンバーは、「自分の成長のために会社や仲間が助言をしてくれている」と人事評価をポジティブに捉えることができます。

先にも述べましたが、この人事評価制度ハグみんへのメンバー満足度は100％です。しかしながら最初から高かったわけではありません。評価者の育成と評価表の内容、そしてフィードバック、この三つをその都度ブラッシュアップし、より良く機能するように改善が定期的に行なわれるよう仕組み化できれば、どの会社においても人事評価への信頼や満足度は上げることができると思います。膨大な予算をかけて評価制度を外注したところで、メンバーの心に届くとは限りません。時間はかかりますが、**評価者が自分自身の【まだまだ】をポジティブに自覚でき、成長していける仕組みをつくることが唯一の道**だと考えています。

報酬制度について

弊社のESが高いため、給与がものすごくいいのでは?という質問をたくさんいただきます。そうしたい気持ちはやまやまですが、【業界平均よりも少し良い】が現状です。給与が良ければESが良い、逆に給与が良くないからESが悪い。働くメンバーの気持ちはそんな単純なものではないと考えています。

細かい給与内容をお伝えする前に、まず、給与満足とモチベーションについての関係を整理したいと思います。アメリカの臨床心理学者フレデリック・ハーズバーグの動機づけ・衛生理論によると、**人間の仕事における満足度はある特定の要因が満たされると上がり、不足すると下がるというものではなく、「やる気」に関する要因（動機づけ）と不満に関する要因はまったく別物である**といいます。つまるところ、いくら給与が上がったとしても、モチベーションは上がらないというわけです。例えば、アルバイトについて考えてみましょう。時給が上がったとき、その一瞬は多くの人が【もっと頑張ろう】と思います。しかしながら、少し時間が経つと、それを【自分への正当な評価】として考え、時給が上がったことなど忘れてしまいます。ではどうしたら給与アップがモチベーションアップに良い影響を与えることができるのでしょうか。そのためにはまず人間がどんなときにモチベーションが上がるのかを整理しておく必要があります。

ハーズバーグによると、モチベーションを上げる要因は次のようなものが挙げられます。

【モチベーションを上げる要因】

- **やりがいのある仕事を通じて達成感を味わうこと**
- **仲間や会社に認められること**

・自分の能力が活かせること
・責任をもって仕事を任されること
・自分自身の成長を実感すること

給与への施策も、こういったモチベーションを上げる要因とシナジー（相乗作用）を起こすように工夫することが大切です。繰り返しになりますが、単純に給与を上げたところであまり効果は期待できないのです。その上で会社のブランディングや採用活動ともシナジーが生まれるように給与施策を構築できれば、さらに良い結果が生まれます。施策を通じて経営者の熱い想いを伝え、限られた予算の中で行なう給与施策ですから一挙両得ではなく、一挙三得、四得を目指すことが必要となります。

給与アップ施策「ニコニコ手当」

さて弊社ではどのように給与アップの施策を実行しているのか、具体的にいくつかご紹介したいと思います。弊社には、給与アップ施策として**【ニコニコ手当】**というものがあります。変わった名前ですが、**【全メンバーがニコニコできるように】**という想いを込めています。そのニコニコ手当には次の8種があります。

①ニコニコ貢献投票制度
②ニコニコ働きマン制度
③ニコニコON（王長島）指名
④ニコニコ研究手当
⑤ニコニコ資格手当
⑥ニコニコ交流手当
⑦ニコニコ子供手当
⑧ニコニコ住宅手当

①ニコニコ貢献投票制度

年2回、メンバー一人ひとりが誰の賞与が増えるべきかを投票する制度です。弊社では、一人3票の投票権を持ち、誰に投票するかはもちろん自由です。投票内容は会社で決めており、【縁の下の力持ち的な仕事を一番頑張ってくれたメンバー】に1票、【社内の雰囲気をすこぶる良くしたメンバー】に1票、三つ目は【当たり前のことをバカにせずバカになってちゃんとやることが一番できていたメンバー】に1票をそれぞれ投票してもらいます。

誰が誰に投票しているかは制度の本質ではないので公表しません。ただし、**投票には必ず具体的な感謝の言葉を記載してもらいます。**この制度によって、**人事評価では拾うことができない貢献を、メンバー間で評価し合うことができます。自分に何票入ったかということよりも、仲間からの感謝の言葉が何よりもうれしいという声が多く、制度への満足度は100%**です。

この制度は、メンバーの承認欲求を大いに刺激し、なおかつ評価されたメンバーは達成感や成長実感も味わえ、結果的にモチベーションを上げることができます。もちろん会社のブランディングや採用にもプラスの効果があります。まさに一挙四得の制度だと自負しています。

②働きマン制度

平均給与をアップすると同時に、サプライズカンパニーのブランディングにも役立つ社内副業制度です。**普段外注している業務（アルバイトも含む）や、外注しようと考えている業務の中で、外注しなくてもメンバーでやれるものに関しては公募をする**という制度です。例えば「外部委託している花の植え替えを休日に＊万円でやりませんか」と、メンバーに告知します。それぞれの休日に行なうことになりますので、強制力はなく、希望者がいなければそのまま外注します。会社からの出費は同額ですが、メンバーの収入は増えていきます。**売上が横ばいだったとしても**

メンバーの収入を増やすことはできないかと真剣に考えた結果、このような制度をつくることになりました。どんな手当でも同じですが、経営者の心の内をしっかりとメンバーに伝えていくことはとても大切なことです。もちろん、働きマンを頑張っても人事評価には影響しません。あくまで副業を社内でやっているという理解です。今度旅行に行くから少し稼いでおこう。その日は暇だから少し稼いでおこう。動機はまちまちですが、仲間に感謝されながら自分の収入を自分の意思によって増やすことができるのがこの制度の利点です。

③ニコニコON（王長島）指名

メンバー自身が自分のライバルを指名し、そのライバルと半年間かけて何らかの勝負をし、勝ったメンバーがメンバーに手当を支給する制度です。良い意味で競争を意識する中で成長を遂げ、それにより給与アップができます。ライバルがその指名を認め、リーダーが二人の成長促進につながると判断すればON指名の成立となります。給与アップしながら、メンバーの成長促進をします。強制力はなく、全員参加ではありません。後輩が先輩にライバル指名をしたり、同期同士でライバル指名をしたり、チームの活性につながっています。わたし自身もメンバーからライバル指名をされ、驚くほど刺激を受けたことがあります。

④ニコニコ研究手当

これはメンバーがレストランへ行ったときに、料理の写真や感想を簡単にレポートすれば、会社がその手当として一部を負担するというマーケティングを意識した手当です。他会場で結婚式に列席した際、弊社の会場に取り入れたほうがよいと思う点を見つけ、レポートした場合にも手当を支給します。勝ち続けるために他社を研究することはとても大事です。ただし、弊社のような企業規模では、専門のチームをつくることは困難です。だからといって手をこまねいていても前進はできないので、それを打破する方法はないかと考えた末、この制度に至りました。

研究手当の狙いは、一人ひとりの経験を全員の経験としてシェアすることです。そして、企業としての競争力を高めます。会社の利益が上がらなければ、給与を上げていくことはできません。実際にこの制度を実行してからまだ一年あまりですが、現在では、毎日のように社内ＳＮＳを使ってさまざまなレストランや結婚式場の料理や会場の写真がメンバー間で共有され、全員の経験として記録されるようになりました。企業としての底力はこういったことの積み重ねから生み出されると実感しています。

手当は今後も増やしていく予定ですが、うまくいかなかった手当に関しては中止することもあります。逆に新しい手当を取り入れるときは、さまざまなシチュエーションを想定して、少額の手当からスタートするようにしています。
どんな制度もすべてが最初からうまくいくとは限りません。良いと思ったらすぐに取り掛かり、イマイチなら改善を続ける。それでもうまくいかなければ思い切って中止する。経営者が想いをしっかりと伝えれば、どんな結果になっても、メンバーの理解が得られると思います。

給与施策実施後は無記名アンケートで課題を見つける

給与施策の実行後、絶対に忘れてはいけないことがあります。それは**【無記名のアンケートを実施すること】**です。その施策の存在意義や必要性、手当の額、その他それぞれの施策についての細かな指摘を必ず改善につなげられるようにヒアリングしています。というのも、最初から完全な施策というのは存在しないからです。

給与施策は、①メンバーのモチベーションを上げる、②経営者の熱い想いがメンバーに伝わる、さらには③会社のブランディングや採用にも活かされてこそ良い施策といえます。欲張りですが、限りある予算の中で常に一挙三得、四得を目指すことが大切です。ちなみに弊社では、平均給与を毎年公表し、全国と愛知県内の賃金構造統計調査を活用した上で、グラフを添えて説明しています。結果、弊社における直近のES調査では、85%が給与額に納得しているという回答がでました。メンバーの生活につながる給与ですから、経営者自身が満足せず、これからも平均給与アップに努めていくことが大切だと肝に銘じています。

ご褒美は先に渡す

わたしは基本的に人間を競走馬に見立てるような、インセンティブという考え方が好きではありません。当たり前ですが人間は馬ではありません。ですので、弊社では基本的に【この目標を達成したら、ご褒美に人参を＊本あげるよ】という施策はあまり取らないようにしています。ご褒美を目の前にぶら下げて、メンバーを一列に並ばせ、あたかも馬のように走らせるような考え方に違和感があるのです。そもそも給与の額を一番に考えるような人たちは、サービス業は選ばないでしょう。ほとんどのメンバーが、給与以外の要素に大きなやりがいを感じているからこそ、サービス業を選んでいます。

また、**サービス業に就く人財は、心で動く人財が多い**と感じます。だからこそ、**メンバーを信じ、人参をあえて先に全員に配り、それが恒久的な手当になるようにチーム一丸となって頑張る。**そちらのほうが、チーム全体のモチベーションと直結しやすいとわたしは感じます。

無論、会社経営は一筋縄ではいかないので好調なときもあれば不調に陥るときもあります。経営者として日ごろから気を付けているのは、**メンバーから「諦めている」と思われるような言動や言い訳は極力慎むことです。**給与はだれにとっても現実的なもの。だからこそ、できない理由ではなく、できるようにするために今から何をどうすべきか。そうした考えを常日頃から持つようにしています。今年できなくても来年にはできるようになろう。3年以内にはできるようになろう。そのような自身の想いを繰り返しメンバーに伝えるようにしています。

経営者が報酬に対し夢や希望を語らなくなったら、メンバーも夢や希望を持つことができなくなってしまいます。メンバーが夢や希望を持てない組織の未来はどうなるでしょうか。とはいえ、弊社でも一度口に出したものの、結果としてコミットできなかった夢や希望が多々あります。**それでも諦めないこと、夢を持ち続けること。そして、それを現実にするために一歩ずつ進んでいくこと。**こうしたメッセージを伝え続けていくことこそが、もしかすると一番の給与施策と言えるのかもしれません。目標を定め、一歩ずつ進めること。メンバー一人ひとりが、みんなで頑張って業績を上げれば必ず会社はその努力に報いてくれる、ウチの経営者はみんなの生活を真剣に考えている、こうした信頼関係の構築こそが給与施策における大きな柱です。

夢

幸せな人が
幸せな人をつくる

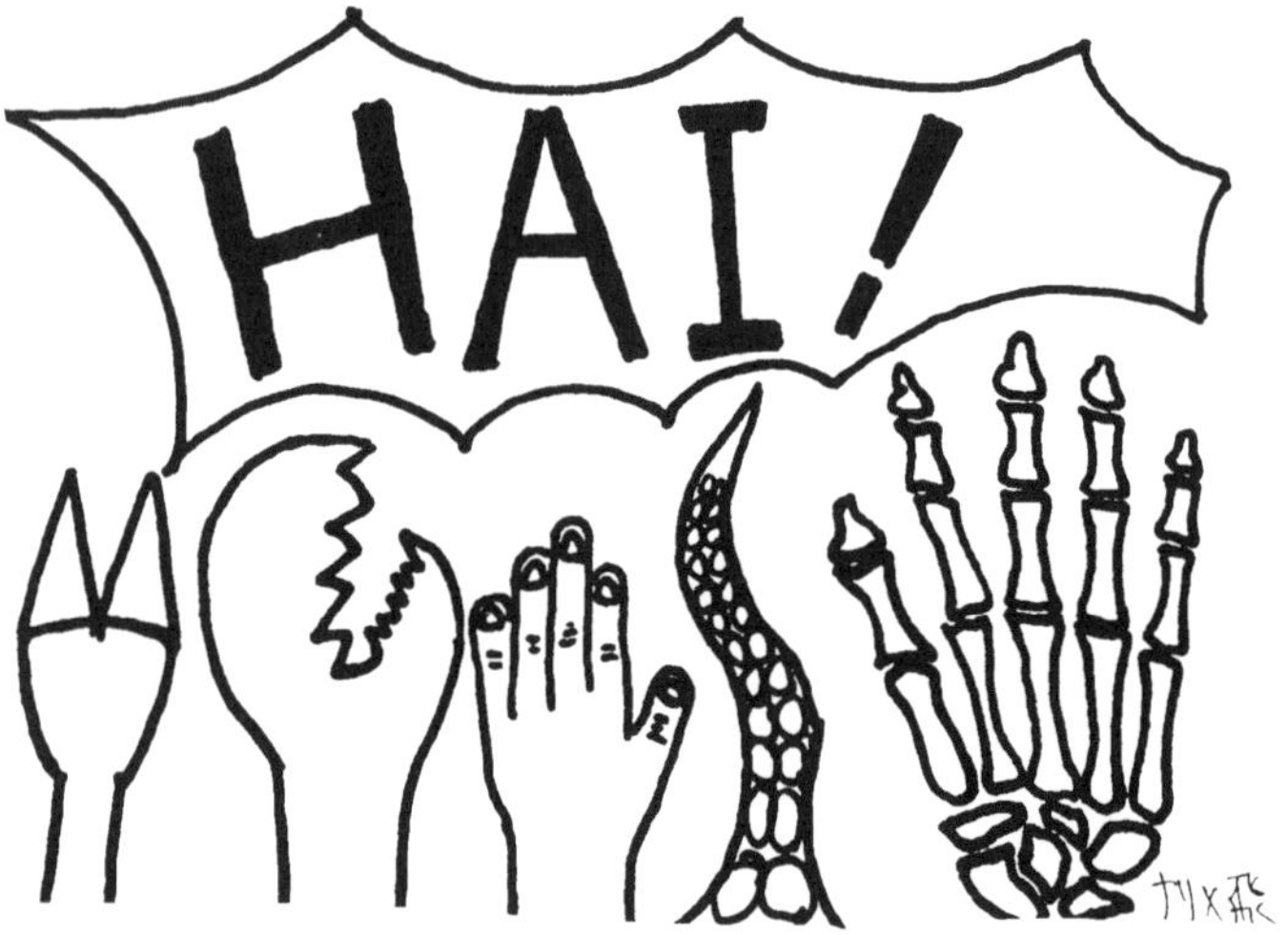
HAI!

第四章

社内逸材の発掘と育成

やる気重視の抜てき制度「ハンズアップ」

【ハンズアップ】とは、弊社で行なっている立候補制のことです。弊社では何かの企画やイベントで担当を決める必要がある場合、ほとんどの決定を自発的な立候補によって決めています。その結果、直近のES調査において、100%のメンバーが【会社でやりたいことがやれている】と回答しています。弊社の離職率が低い大きな理由がここにあります。

数あるリーダーの仕事のうち、特に重要なことは、メンバーのチャレンジを見守り、手助けが必要なときは最低限の手助けをし、成功に導くことです。ところが、トップダウンが日常化し、リーダーが【仕事を振る】【仕事をやらせる】といったNGワードをメンバーに連発するような職場では、残念ながらメンバーの積極性を削いでしまう結果になりかねません。こういうリーダーは、本質的ではないことに時間や労力を費やしてしまっているのです。

ハンズアップはこうしたマイナス要素の強いトップダウンを抑制し、メンバーのやる気と積極性を最大限に引き出す抜てき制度です。ハンズアップの文化が会社に根付くと、成功に導く仕事にリーダーは集中することができます。また、メンバーの積極性も格段に上がります。講演会やセミナーでハンズアップについて話すと、【本当に手が挙がるのでしょうか?】という質問をよく頂戴しますが、確かに急に立候補を募っても、なかなか手が挙がらないことのほうが多いでしょう。ただし、**メンバーは挙手したくないから挙手しないのではなく「失敗したらどうしよう。周りからどう見られるだろう」と考えてしまって挙手できないのです。**

こうしたメンバーの不安を解消し、ハンズアップを促すポイントは三つあります。まずは採用段階から、自分がチャレンジしたいことはどんどんチャレンジできる企業風土であることを学生に伝え、なおかつチャレンジが好きなマインドを持った学生を積極的に採用すること。その上で、会社の理念や行動指針にもチャレンジを賞賛するときちんと明記すること。そして最も大切なことは、**経営者と、リーダーが日常的にチェレンジを続け、言動においてもチャレンジすることの大切さを伝え続けることです。**

ハンズアップが文化として社内に根付くと、次から次へと手を挙げるメンバーが本当に増えていきます。その状況になると、今度は誰に託すかとリーダーは頭を悩ませることになりますが、それはうれしい悩みです。**【手を挙げないと損】という文化を形成することができれば、仕事の生産性は格段に上がります。**「能力のあるメンバーに任せないと成果につながらないのでは」という意見もいただきますが、**ハンズアップでは、メンバーの自発的なやる気を何よりも尊重し、短期的な成果よりも長期的な成果を見据えること**がリーダーに求められます。リーダーがメンバーのやる気を買い、短期的な成果ではなく長期的な成果を見据えるようになると、メンバーはやりたいことにどんどんチャレンジするようになり、それによりチームの雰囲気が格段に良くなります。成長意欲の高いメンバーほどその飛躍は著しく、逆に他者に対する批判や批評だけは立派でも自分自身は何も行動を起こさないといった社内評論家タイプのメンバーが少なくなります。新卒採用においても、こうした文化が根付いていることを学生に伝えることで、チャレンジ精神旺盛な学生が入社する傾向が強くなります。

ハンズアップのマイナス面をあえて挙げるなら、短期的な成果が出にくい、積極性の少ないメンバーには厳しい環境となる、ハンズアップしすぎてにっちもさっちもいかないメンバーが出てくるといったところでしょうか。しかしながら、これらのすべてに対処法があります。

まず、短期的な成果が出ないことへの対処法としては、リーダーがしっかりとメンバーをフォローして、良い方向へと導いていく。これ以外に答えはありません。

ハンズアップが苦手なメンバーに対しては、**メンバーの積極性が目覚めるのを信じて待つこと。**それしかありません。無理に挙手させることは逆効果です。いつしか控えめだったメンバーがハンズアップをして、「もっと早くハンズアップしておけばよかった」といった発言を引き出すことができたなら盤石です。

逆にハンズアップしすぎて、にっちもさっちもいかなくなってしまっているメンバーに対しては、笑って助けましょう。ハンズアップし過ぎたことは自分が一番分かっているからです。

こうした対処法を実践することはそう難しいことではありません。ハンズアップの文化には、マイナス面のすべてを足しても余りあるプラス効果があると確信しています。

ハンズアップを根付かせる方法

わたしはどのような企業文化であっても、それを根付かせるには**【種をまく時期】**、**【肥料を入れて育てる時期】**、**【収穫の時期】**の3ステップの時期があると考えるようにしています。

【種をまく】時期にまずやることは、全メンバーに対し「積極性を大切にする企業文化を持つ会社になる」と宣言することです。弊社では全員が守らなければならないオキテの中に、【何事にも情熱を持って積極的に挑戦する】とあります。企業理念やオキテに、このような内容を入れることで、リーダーの覚悟をメンバーに伝えることができます。単に勢いだけの、信念のない施策はメンバーの心に届かないので、まずは経営者やリーダーの信念をきちんと表明します。

その後、ハンズアップを募る大枠の内容をメンバーに公開します。ハンズアップを募る内容は、業績に直結するようなことは挙げる側にとっても任せる側にとってもハードルが高いので、最初は簡単なことでOKです。社内イベントやちょっとしたサプライズ企画など、メンバーが興味を持ちやすい内容が良いと思います。

ここで重要となるのは、【誰が】ハンズアップを募るかということです。**メンバーがハンズアップを検討するときには、何をするかで考えるという側面もありますが、誰と仕事をするかで考える側面も大きいのです。**つまり、**なるべく多くのメンバーから慕われている人に発信を任せる**とうまくいきやすいです。

また、伝え方も重要です。その仕事にハンズアップすることで得られる経験やメリット、そしてその仕事の醍醐味をしっかりと伝えていきます。チャレンジが終わった後は、実際にチャレンジをしたメンバーから、ハンズアップをして感じた経験や心境を必ず全メンバーにメールやラインを使い感想を伝えてもらいます。これを繰り返していき、簡単なハンズアップに多くのメンバーが参加するようになれば、種まき終了の合図です。

種まきを終えたら、続いて肥料を入れ、育てる時期の到来です。この時期には、人財育成や小さな業績にもつながる具体的な仕事や役割を明示した上でハンズアップを募っていきます。

例えば、弊社では【アルバイトメンバーの卒業式】の進行や料理、乾杯ドリンクなどを決めるためのコンテストを行なっています。このコンテストは能力を競う趣旨ではなく、お世話になったアルバイトメンバーへの感謝を自分で表現したいという良いマインドや文化の浸透に役立っています。社長主催の次世代リーダー育成塾や総料理長による料理塾などもおすすめです。この時期には、**さまざまな種類の成長環境を用意してハードルは少し高めに設定し、ハンズアップをすることでメンバー自身が成長を感じられるような施策を打ち出す**ようにしましょう。このような文化が根付き、会社からの発信にとどまらず、それぞれのチームにおいても自然とハンズアップの公募が行なわれるようになれば、肥料を入れ育てる時期は完了となります。

そして最後はいよいよ【収穫の時期】です。この時期には、新卒研修や人事異動、そして業績に大きく関わるようなことをハンズアップで募っていきます。例えば新卒研修では、決まったテーマにおいて、誰が担当するのかを決めていきます。新卒研修ともなれば求められる成果が高く、なおかつ1年前に新卒として入社してきた2年目のメンバーからもハンズアップされるため、リーダーのサポート力が非常に重要となります。また、人事異動もハンズアップで実現できると文化はさらに加速していきます。さらにハンズアップが大きな売り上げにつながると、収穫の時期を迎えたと、経営者やリーダーのみではなく個々のメンバーも確信できるでしょう。

自分がやりたいと思う仕事にメンバーが積極的に関わり、積極的に集まったメンバー同士で互いに刺激し合いながら、チーム全体が長いスパンで成長を遂げていく。長期的な人財育成のためにハンズアップはとても有効な手段となります。

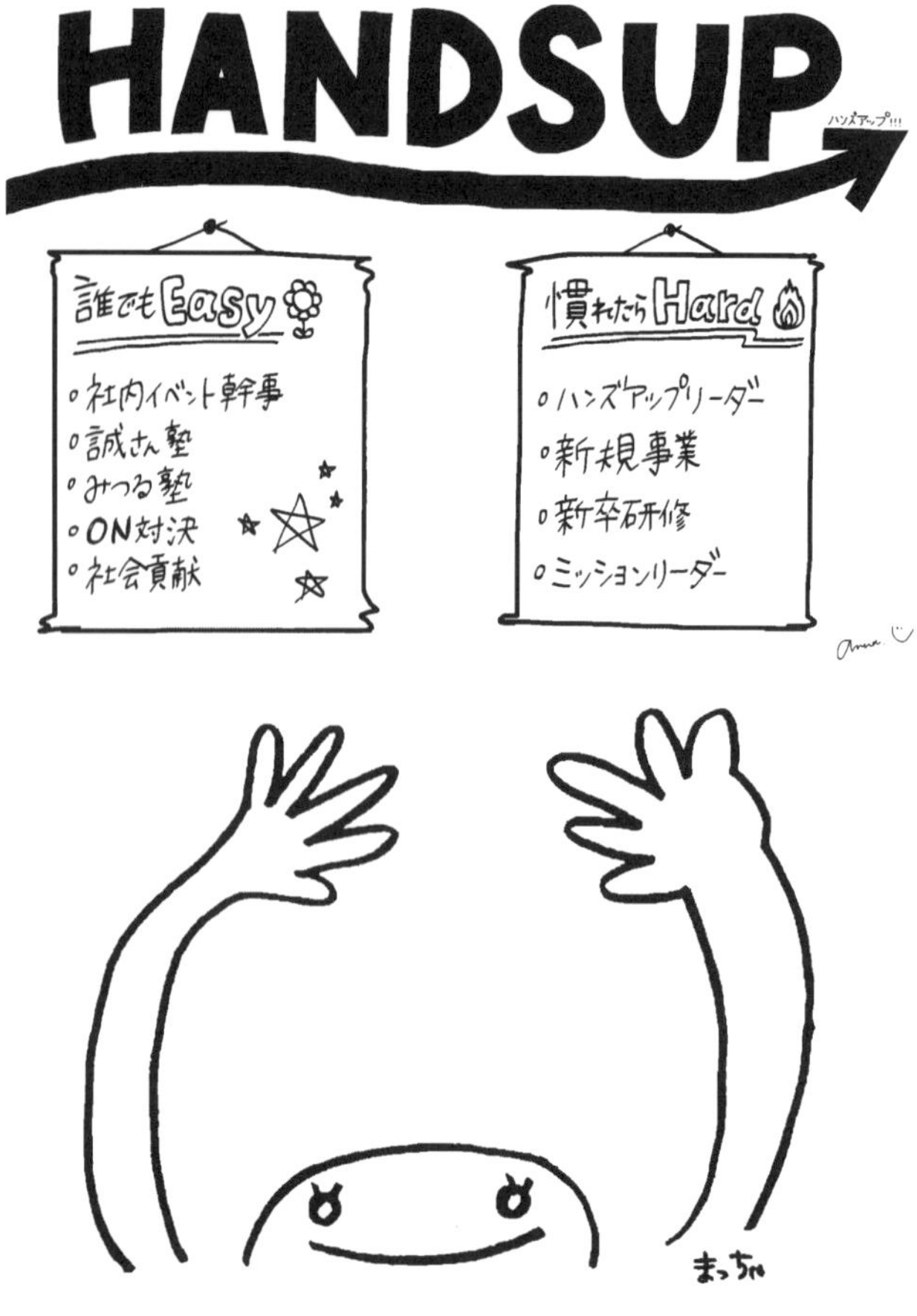
HANDSUP
ハンズアップ!!!
誰でもEasy
○社内イベント幹事
○誠さん塾
○みつる塾
○ON対決
○社会貢献
慣れたらHard
○ハンズアップリーダー
○新規事業
○新卒研修
○ミッションリーダー
まっちゃ

Tanaka.

入社式は新入社員に歓迎と感謝の意を伝える場

転職流動性が上がったといわれている昨今ですが、その裏で入社時は「この会社に一生懸命勤め、大きく成長を遂げよう」と決意している新入社員がほとんどではないでしょうか。夢や希望を抱いて入社するメンバーを迎える入社式や新入社員研修は、その期待を超える内容にしなければいけないと思っています。もちろん仕事は継続が大切ですので、入社式や新入社員研修だけ格別に素晴らしい内容にしても意味がないことは肝に銘じておく必要はあります。

はじめに【入社式】についてお伝えしたいと思います。弊社の入社式は全メンバー参加で行ない、また親御さま向けにライブ配信も実施しています。各企業の事情にもよりますが、可能であれば全員参加が好まれます。「先輩方が全員参加してくれた」というだけで新人社員は自分たちが歓迎されていることをより実感することができるでしょう。迎え入れる側は、会社のそうした姿勢や歓迎の想いをしっかりと伝えることが大事です。

次に、入社式を思い出に残る感動の1日にするために、濃い内容にすることを心がけましょう。代表者のあいさつや辞令交付などの慣行も大切なことですが、それだけでは感動を生むことができません。細かい内容の説明は省きますが、弊社では全員参加の元気なウェルカム朝礼や全員参加のウェルカムダンス、そして親御さまからお預かりしたお手紙を朗読するなど、入社式を新入社員だけでなく、既存メンバーも感動するような内容にしています。全員の笑顔と涙、新入社員の決意と希望、既存メンバーの期待と歓迎、これが余すところなく表現される入社式が本望です。

最近は新卒採用が本格化する時期が3月もしくは4月なので、この時期は採用や研修を担当する部門は本当に忙しく、時間的な余裕が全くない状態となります。人的な余裕がない会社ほど、どうしても新入社員研修が疎かになってしまい、外部に研修を委託する会社も多くなっています。社会人としての常識や教養などを教える分には外部研修を利用することはとても良いと思いますが、それぞれの企業の大切な考えや想いを伝えることは外部研修ではできないので、自社でしっかりと行なう必要があります。

特に物の考え方や仕事に向き合う姿勢など、今後の長い人生の基盤となることにこそ、しっかりと時間を費やしたいものです。しかしながら、採用で忙しい時期に自社でしっかりと研修を行なうことは、なかなか難しいかもしれません。弊社では、これを可能にするために、全メンバーを対象としたハンズアップを行なって、そのメンバーたちによる新入社員研修を実施しています。

この研修の流れとして、まずは新入社員研修のカリキュラムを本部でしっかりと作成します。それぞれの研修の中身はざっくりでよいです。どんなことを学んで欲しいのかを考え、カリキュラムをつくります。そのカリキュラムをメンバーに発表し、「自分が教えてみたい研修はないか」

と立候補を募ります。次に立候補をしたメンバーの中から担当者を決めます。担当者が決定したら、まずは資料つくりを依頼します。前年の資料があれば、それも渡します。資料は参考程度にすること、自分なりの解釈で資料をつくること、何でもサポートすることなどを伝えます。研修のやり方や立候補したメンバーの考えを尊重した内容にすることが大切です。ただし、研修内容はとても重要ですので、わたしからの合格をもらう必要があります。一発ＯＫということは、まずありません。合格ラインをあえて厳しくしているのは、ハンズアップしたメンバーの成長を一番に考えているからです。また、一つのカリキュラムに2名が立候補した場合は、よほどのことがない限り、両名に研修を託していきます。そうすることで、新入社員は一つのことに対してもさまざまなアプローチや考えがあることを学ぶことができます。立候補で新卒研修担当者を決めることにより、新入社員とメンバーの距離が一気に縮まり、新入社員がハンズアップの素晴らしさを体感できるといった効果があります。新入社員とハンズアップをした2年目のメンバーの距離が縮まることで、新入社員たちは、「2年目の先輩でもこんな仕事が託される会社に入った」「私も積極的に挑戦しよう」といったポジティブなマインドを容易につくることができます。また、こうした仕組みは新入社員のみではなく、ハンズアップをした先輩メンバーの大きな成長にもつながります。立候補したメンバーは【教えることが何よりの学び】になることを実感できるからです。

新入社員の長期的な成長を促進「心のトレーニング」

新入社員をトレーニングするにあたり、多くの会社が取り入れているＯＪＴ（ON THE JOB TRAINIG）という手法。ＯＪＴは効率的に即戦力人財を生み出すにはとてもよく、実際の仕事を通じて実践的なノウハウが学べ、また特別に教育の時間や場所も提供する必要もないので教育コストも低く抑えることができます。いろいろなやり方がありますが、**やってみせる→説明する→やってみる→確認してアドバイス**という流れが一般的ではないかと思います。

こうしたさまざまなメリットがある一方、ＯＪＴは個々の指導者の育成能力に依存するところが多く、場合によっては新入社員の成長に大きく差が出てしまうというデメリットがあります。また、成果を出しながら指導しなければいけないことで指導者の負担も大きいです。

こうした観点から、ＯＪＴに躊躇してしまう企業も場合によってはあるかもしれませんが、その指導者自身の成長も大きく促進していくという素晴らしい側面があることも忘れてはいけません。こうしたＯＪＴのデメリットを克服するために、指導者自身の負担が大きくなりすぎないように、全体で共通することに関してはＯＦＦ‐ＪＴ（OFF THE JOB TRAINIG）を上手に活用するというのも一つの手であり、実際に実践している企業も多いと思います。

例えば営業職であれば、商品知識やカウンセリング技術、セールストークなどの基本技術はOFF-JTで、実戦的な技術はOJTと研修内容ごとにOJTとOFF-JTをそれぞれ区別して取り入れる方法です。弊社でも、研修内容をより細かく分析し、新入社員教育の中でもOJT向きのものはOJT、OFF-JT向きのものはOFF-JTと毎年プログラムごとにブラッシュアップしています。

とはいえ、わたしはこのような現行の育成手法だけでは大きく欠落した部分があると考えています。それは**【心のトレーニング】**という点です。弊社では、新入社員研修において、この心のトレーニングを最も重視しています。**心のトレーニングとは、社会人としての礼儀や常識をしっかりと教えることに始まり、素直であり続けることや積極性の大切さ、困難にぶつかったときや人間関係で悩んだときの考え方や乗り越え方など、社会人として今後生きていくために必要なことを学ぶトレーニングです。**

心のトレーニングは技術のトレーニングと比べて、短期的な成果につながりづらいので軽視されがちですが、長期的な人財を育成するためには、不可欠です。新入社員のトレーニング内容には短期的な成果を求める仕事の技術に関してのことが多く、長期的な人財育成に不可欠な**【心の**

トレーニング】が抜けているケースが多いのです。つまり、せっかく将来的に大きな花を咲かせて欲しいと願って採用した新入社員を、わざわざ短期的な成果しか出せないようなトレーニングプログラムに押し込めて、そこで終止してしまっているケースが多いのではないかと感じます。

わたしは、**【個人差はあっても、仕事の技術は遅かれ早かれ誰でも身につけることができる】**、**【心のトレーニングこそ新入社員の教育にとって最も大切】**と信じています。

この心のトレーニングが疎かになると、仕事を少し覚えたところで素直でなくなってしまったり、マイナス思考になったり、仲間の悪口や取引先の悪口などを平気で話したりしてしまう人財になってしまいます。その結果、離職にもつながりやすくなります。逆に心のトレーニングがしっかりと身についていれば、新入社員の人生は大きく変わっていきます。特に仕事を一通り覚えた数年後、成長が止まるか、さらに成長曲線を描けるかは、心のトレーニングにかかっています。

いつも技術を教えている指導者が【心のトレーニング】の指導においても長けているかというと、そうとは限りません。新入社員は、自分の教育係も先輩も上司も選ぶことができず、だからこそ、【心のトレーニング】に長けた上司や先輩と一緒に働くことができる新入社員は、それだけで運が良いといえるでしょう。長い人生で考えるなら、有名な会社に入るということとよりも、良い上司や先輩から心のトレーニングを受けられることのほうがよほど価値があるでしょう。

心を鍛える指導者「メンター」の特性と役割

弊社では**心を鍛える指導者を【メンター】**と呼んでいます。心のトレーニングへの取り組みは、このメンターのリーダー（以下メンターリーダー）を選ぶことから始めます。メンターリーダーは、メンターの相談係ですので、このメンターリーダーを誰にするかが成功の鍵を握っています。

メンターリーダーの人財像として必要な特性は**【話しやすい人柄であること】、【相手の気持ちに立って考えられる能力を持っていること】、【成長のためには厳しいことも言えること】**です。この三つの特性をバランス良く持っているメンバーであれば、どのような職種でもＯＫです。

メンターリーダーを選んだら、次にメンターを選抜します。メンターに必要な人財像の特性は、**【精神的にたくましく成熟した考えを持っていること】、【フットワークが軽いこと】、【相手の気持ちに立って考えられる能力を持っていること】、【母性愛が強いこと】**の四つです。

一つ目の精神的なタフさと成熟さに関して言えば、メンターは、フレッシュで元気な新入社員からポジティブなエレルギーや思考をもらうこともよくありますが、逆に悩みや愚痴などのマイナスな話を聞くことも多くなります。精神的なたくましさがないと、ネガティブな思考に引き込まれてしまい、メンター本人の考え方もネガティブになってしまいます。また考え方に成熟さがないと、新卒メンバーの成長につながる思考を教えることができなくなります。二つ目のフットワークの軽さとは、受け身でないことを意味します。「必要があればいつでも相談しに来てね」といった受け身のスタンスでは、メンターはうまく機能しません。自分から動いて新入社員の様子を見にいったり、話しかけにいったりというような姿勢がメンターには求められます。三つ目の相手の気持ちに立って考えられる能力とは、目線を合わせながらしっかりと相手の話を聞き、そのメンバーの成長のために指摘ができる能力を指します。経験豊富な先輩ほど、若いメンバーの悩みをどうしても軽く捉えがちです。けれど、よくよく考えたら自分にも新人時代というものがあったはず。そこで相手の立場に立って、相手の気持ちを最大限に想像できる力がメンターには求められます。四つ目の母性愛は、文字どおりの意味です。【母性】を辞書で調べると【自分の子どもを守り育てようとする本能的性質】とあります。仕事ですので会社においては子どもではなく新入社員ですが、何があっても自分の力で新入社員を守るという気持ちが持てる【母性の強さ】はメンターに必要な人財像です。

何事もハンズアップで決める企業文化のある弊社でも、新入社員の育成を最優先に考え、メンターの選出に関してはハンズアップで決めていません。

こうして、メンターに選ばれたメンバーには、メンター研修を行ないます。**メンター研修ではメンターとしての存在意義、心構え、行動を学びます。**メンターの存在意義を改めてお伝えすると、**【新入社員の精神的な成長を促進すること】**、**【企業文化をしっかりと伝えること】【早期離職を防ぐこと】**です。メンターは自分の存在意義をしっかりとここで理解しなければいけません。技術を教えるコーチの心構えが**【叱ることが自分の仕事と覚悟する】**ことであるのに対し、メンターの心構えは**【甘いと思うことが多々あってもとにかく話を聞く】**ことです。

心のトレーニングのためには、信頼関係が不可欠です。何でも話すことができる関係が築けるまでは、多少相手の話が甘いと感じることがあっても、とにかく聞くことに徹する必要があります。この制度のポイントは、コーチとメンターの2名でしっかりとタッグを組み、一人ひとりに合わせた指導法をこの2名で考え、実行していくことです。お互いの苦手をフォローし合いながら、一人ひとりに合わせた指導法をしていかないと厳しすぎてしまったり、甘やかしすぎてしまったりといった結果になってしまいます。

メンターと新入社員の信頼関係を構築

まずメンターが心のトレーニングの準備段階でやらなければいけないことは、自分がトレーニングを担当する新入社員の情報をしっかりと記憶することです。弊社では、採用するための選考で使った資料などを利用しています。例えば、性格診断テストから、【エネルギー量はどれくらいあるのか】、【ワークライフバランスはどうなのか】、【ストレス耐性は高いのか低いのか】などいろいろな情報をインプットし、表面上ではなかなかわかりづらい性格を把握するようにしています。また選考の過程で気になったことや注意点があれば合わせてしっかりと理解していきます。

こうして性格や特性に関わる基本的な情報を頭に入れた上で、担当する新入社員と面談し、信頼関係を構築していきます。弊社ではメンターと新入社員は同じ仕事をしていないケース（例えばキッチンの新入社員のメンターをウエディングプランナーが務める）も多くなっていますが、朝一と帰社時のどちらかにはメンターから新入社員にあいさつに行くようにしています。また、入社後の2カ月間は毎週1回、ふたりでじっくりと話し合う時間を20分前後取っています。その時間に話す内容は、仕事以外の雑談や他愛のない話題でももちろんOKです。信頼関係の構築なしに仕事に関わる本心が新入社員から打ち明けられることはまずありません。ですので、話の中身よりも、とにかく時間を一緒に過ごすことをこのメンター制度では大切にしています。こうした観点から、入社直後の4月はメンターと新入社員の二人で必ず外食に行くようにしています。会社を離れて、杯を交わしながら、ただ一方的に話を聞くだけでなく、時に自分自身のことも話しながら、信頼関係を深めていきます。この外食は、新入社員が退職を考えやすい夏休み前や冬休み前にも必ず行なっています。この外食の費用はもちろん会社負担です。

さらに、弊社ではさまざまな社内行事が行なわれますが、そのうちの年2回、メンターと新入社員がともに幹事を担います。日常の業務以外の仕事に一緒に取り組むことも信頼関係の構築にはとても重要です。

こうして信頼関係の土台ができて、はじめて【心のトレーニング】に移ることができます。しかしながら、【心のトレーニング】で具体的に教える内容は決めていません。なぜならば、どのような壁にぶつかるのか、どのような思考の仕方に課題があるのかは、人によって違い、千差万別だからです。メンターは、日々のコミュニケーションを通じて、新入社員の精神的成長を促進していきます。話を聞くだけのときもあれば、喝を入れるときもあります。応援をすることも、考え方を正すこともあります。企業文化を伝え、社会人としての成長、精神的な成長を促進していきます。これができれば、早期離職は必然となくなります。

メンター同士の交流の場「メンターSNS」

担当する新入社員と向き合う上で、メンター自身も時にどう対応すればよいのかと悩むことがあります。聞くだけでよいのか、正すべきなのか、喝を入れるべきなのか。そういったメンターの悩みや迷いを解決する場として、弊社ではSNSを活用し、メンター全員が閲覧できるグループをつくっています。そのSNSを開けば、いつでもメンターリーダーやほかのメンターに相談できるよう仕組み化しています。はじめてメンターを務めるメンバーにとっては、このメンターSNSこそが自らの大きな成長の場となります。さまざまな質問や意見がSNSグループで活発に行なわれ、情報がシェアされます。

構築までに3年ほど費やしたこの仕組みは、現在も改訂を続けています。最近では「わたしは将来メンターを任されるようになりたい」と目標を語るメンバーも増えてきました。こうした声が日に日に増えていることこそがメンター制度が成功している証であると実感しています。

お断り
責任
責任
人事権
予算権限
美海

第五章
リーダーの条件と育成

リーダーの育成は多大な実りを生む

どの企業においてもリーダーの育成は大きな課題です。手前味噌ですが、弊社のリーダーのモチベーションはとても高く、ゆえに大きな業務を任されることで、それまであった能力以上のパフォーマンスを発揮することが多いと感じています。私も含めてまだまだですが、その点においては一定の成果が出ていると思います。とはいえ、弊社も数年前まではリーダーの育成が大きな課題となっていました。その課題を克服するためにさまざまな施策を2012年から実行し、リーダーの育成に時間と費用をかけてきました。結論として、リーダーの育成は容易ではありませんが、真剣に取り組むことで多大な実りを生むと実感しています。では、どのようにして高いモチベーションのリーダーを育成していけばよいのでしょう。

リーダーに求められる五つの前提条件

まず実行すべき施策は、**【リーダーの前提条件】の明文化と周知徹底**です。この前提条件は経営者の想いや会社の文化によって変わってくるでしょう。ちなみに、弊社のリーダーの前提条件は五つあります。

一つ目の前提条件は、**【会社の大切にしている想いに人一倍共感していること】**です。企業において、個人で成果を出して出世したメンバーが、いざリーダーになった後、なかなかうまくいかないことがあります。その理由の一つは、大切な想いを十分に共有できてないことにあると思っています。「大切な想いに人一倍共感する」とは、会社のイエスマンであるということではありません。**純粋に会社の理念や大切な想いに共感しているのか、しいて言えば【心の底から共感しているかどうか】**だと思います。新卒にしろ中途にしろ、入社してくるメンバーは当然会社の理念や想いに共感し、期待しています。もし自分の上司であるリーダーがそこに共感せず、体現できていなければ、リーダーだけでなく会社に対しても不信を招く結果になってしまうでしょう。リーダーが会社の理念や想いに人一倍共感しているからこそ、会社のさまざまな決定をメンバーにうまく伝えることができるようになります。

二つ目は、**【リーダーとしての情熱があること】**です。リーダーが仕事に情熱を持っていない状況は、メンバーにとって不幸以外の何者でもありません。メンバーの育成や環境づくりでチームを活気づけ、躍動させなければならない状況において、メンバーから「うちのリーダーは情熱がある」と信頼されることは大きな力となります。チーム全体の業績にも深く関わってきます。

三つ目は、**【個人で成果を出す力があること】**です。当然のことながら、リーダーはメンバーから相談を受けることが多々あります。自身に成果を出す能力がないとメンバーを育成することやチームとして成果が出るように引っ張っていくことが困難となり、メンバーを幸せに導くことができないからです。**人は何を言っているかではなく誰が言っているかで話を聞く傾向が強いもの。**だからこそ個人で成果を出す能力がないと、メンバーの納得を得ることが難しくなります。

四つ目は、**【メンバーから信頼されていること】**です。どれだけ個人の能力があったとしても、メンバーからの信頼を得られないリーダーは、業績面でも育成面でも成果を出すことができません。仕事において、メンバーがリーダーに対し**【頼りになる】**と感じているかどうかが肝心。言い換えるなら**【尊敬されているか否か】**。日本においては、この信頼の力でリーダーシップを発揮しているケースが多いと感じています。

五つ目は、**【メンバーと良好な人間関係を構築していること】**です。良好な人間関係と信頼は似ているようですがまったく違います。例えば、仕事では頼れても一緒に食事や飲みには行きたくない。これは、**【信頼はされているが良好な人間関係ではない】**という状態です。逆のパターンで、**【飲みの席では楽しいけど仕事では頼りがいがない】**とメンバーが感じるようなら、そのリーダーは良好な人間関係を構築しているものの、信頼に欠けるといえます。

メンバーによるリーダー前提条件診断

弊社では年に一度、この五つの前提条件を用いて、メンバーによるリーダーの前提条件診断が行なわれます。診断基準は◯△×の三段階です。◯はできている、△はあまりできていない、×はできていないといった基準です。誰がどのような診断をしたのかは、リーダーには伝えません。

リーダーはこの診断において75％以上の◯を得ることを必須としています。2年連続、75％に届かない場合は、残念ながら降格人事が行われます。少し厳しいと感じられるかもしれませんが、**抜てき人事を積極的に行なっている弊社のような企業が継続的に成長していくためには、「リーダーに一度なってしまえば安泰」といった聖域をつくらないことは大切だと考えています。**

また、この診断は「今後リーダーになりたい」と考えているメンバーの目標設定のためでもあります。自分自身が診断する際に、項目を確認しながら、現状の自分自身に足りない点を客観視することが可能です。リーダーの前提条件を明文化し、1年に1度、全員がこの診断を行ない、その際に自分自身も、将来リーダーになることを見据えて診断してみる。そこで足りないところがあれば努力する。このサイクルがうまく回り出せば、全メンバーにリーダーの前提条件が浸透し、また新たなリーダーの輩出もしやすくなります。

人望重視の「人事の鉄則」

ちなみに弊社では、代表者や一部のリーダーの好き嫌いで人事が行なわれないように、またメンバーに対して好き嫌いで人事決定がなされていないことを示す上でも、抜てき人事・降格人事・人事異動について鉄則を明文化しています。

例えば、抜てき人事の鉄則には、「功あるものには禄を、徳あるものには地位を」と明文化しています。この意味するところは、結果を出したメンバーには給与（一時金の場合が多い）で還元し、人望があるメンバーをリーダーに抜てきするということです。

もちろん弊社における**【人望の定義】**も明文化してあります。この人望の定義は次の七つです。

【人望の定義】

①仁義礼智信《じんぎれいちしん》があるのか
②素直な心をもっているか
③プラス思考か
④勉強好きか
⑤原因自分主義な考え方ができているか

⑥知行合一か

⑦変化対応できるか

最初の**【仁義礼智信】**とは、儒教の五つの徳目です。**「仁」は思いやりがあり人の痛みがわかる心、「義」は道徳心、「礼」は常に感謝を忘れない謙虚な心、「智」は学ぶ意欲、「信」は嘘をつかず約束を守る心**のことを指します。なぜ人望の定義を明文化しているかといえば、人望があるメンバーを積極的にリーダーに抜てきしているからです。企業においてメンバーはリーダーの能力ではなく、人望にこそついていくとわたしは考えています。リーダーに人望さえあれば、リーダーのみがメンバーを支え、まとめ、育成するといった一方通行の関係ではなく、メンバーもリーダーを支えるようになるため、力強い組織が構築できます。

前提条件の75％をクリアし、人望のあるメンバーがリーダーとなれば、成果の可否に関わらず、抜てき人事にほかのメンバーが不満を持つことは少なくなります。ただし、すべてがうまくいくとは限りません。前述のとおり、2年後に降格になってしまうメンバーもいれば、抜てき人事を実施することで飛躍的に成長を遂げるメンバーもいます。抜てき人事を積極的に行なっていくと決めたなら、その会社としての考えをメンバーにしっかりと伝えていくことが大切です。

降格人事は成長の源

【降格はないのがベスト。ただしリーダーにとっての聖域は絶対につくらない。またリーダー枠が足りないことで降格になることはない】というのが経営者としてのわたしの想いです。降格を告げられることは、無論、誰にとってもショックです。だからこそ、降格人事に限っては、経営者がその想いを率直にメンバーに伝えることが優先されます。

感覚や好き嫌いで降格人事が行なわれていないことを証明するためにも、具体的な降格基準を明文化しています。降格人事がなされる場合は、対象となるメンバーに対し、**【リーダーには不向き】という失格の烙印が押されたわけではないということをしっかりと伝えなければなりません。**というのも、抜てき人事を会社として推進すればするほど、当然ですがうまくいかないケースは増えていきます。抜てき人事は諸刃の剣です。ただし、人財育成のためには失敗を恐れず、できるかできないかというギリギリのボーダーラインにいる人財であれば、まずは本人の成長のためにも任せてみるべきと考えます。そうしたメンバーがリーダーに抜てきされた場合、やはり現段階では十分な実力と経験が不足していたと判断されるケースがあります。だからこそ、なおさら降格人事が必要となるのです。

抜てきされたメンバーは、前述したとおりリーダー前提条件診断で2年連続75%に達することができなければ降格となり、一から勉強し直さなければなりません。この場合の降格人事の判断は、**あくまで「現段階」においては力が足りておらず、周囲の期待に応えきれないというだけのこと**です。もちろん抜てきにより、飛躍的に力を伸ばせるようになるメンバーもいますし、逆に不足している部分が顕著になってしまい、降格するメンバーもいます。降格をしたメンバーはその瞬間はとても悔しく、苦しいかもしれませんが、それは抜てきにより現在の自分に足りてない部分が明らかになっただけのことです。逆にいうと、自分自身の課題が分かれば、そこに向けて努力できるので、降格は元来とてもポジティブなこととして捉えて然るべきです。これこそが成長の源ともいえます。そしてこのような考え方が経営者やリーダーだけでなく、すべてのメンバーに伝われば、会社全体で成長していくことが可能です。こうした降格人事におけるプラスの面が当たり前という企業文化になっていけば、人財育成が活発になり、より強いチームが出来上がると感じています。

この降格人事について、経営者の方たちからよく聞かれる質問として、「本人のモチベーションは下がらないか」「退職してしまわないか」といったものがあります。もちろんモチベーションが下がらないとは言い切れませんが、降格を告げる際「ホッとした」という声をよく聞くのも事実です。予測するに降格になるメンバーも今の自分の力では足りないことを痛感し、仲間に対しての責任感から苦しんでいたのだと思います。

これは弊社メンバーのマインドの素晴らしさかもしれませんが、一つだけ会社の仕組みがこのマインドづくりに役立っているとすれば、それは給与に関してのことかもしれません。

実は、**弊社では降格になったメンバーの給与は、1年間は据え置き**という形をとっています。つまり役職がなくなっても給与は変わらないということです。降格人事の際に給与をどうするかという点は、私自身もとても悩みましたが、給与が変わらなければ**【お金の話ではなく、あなたの成長を待っている】**というメッセージが本人にストレートに伝わるため、今はベストな方法だと思っています。もちろん、役職がなくなることでモチベーションが下がるメンバーもいるのは事実ですが、今後の成長のためには「凹む」という経験もとても大切です。「給与は変わらない。責任は軽くなった。足りない点は明確になった。あとはやるしかない！」と、本人が良い方向へとモチベーションに持っていくことができれば、長期的な成長につながるのです。

リーダー育成の三種の神器

リーダー育成には三種の神器があると考えます。

一つ目の神器は**【人事権】**です。この権限委譲が行なわれるとリーダーは飛躍的に成長します。

・チームが勝つためにはどのような能力のメンバーが不可欠なのか
・縁の下の力持ち的な役割を担う人間は誰か
・チームに活力を与えるムードメーカーは誰か

このように**【強いチームにするための人事】を考えることがリーダーの成長には不可欠**です。

経営者は人事権を現場のリーダーに託し、相談に乗り、求められれば意見を伝えます。しかし決定はあくまで現場を司る立場のリーダー自身が行ないます。チームを運営していくには、リーダー自身が自分の下す決定について熟考する必要があります。というのも、与えられた人事では、リーダーは成長できないからです。

二つ目の神器は、**【予算決裁権】**です。この予算決裁権をどこまで託すことができるかが、経営者の胆力であり、リーダー育成にとても大切です。この決裁権は金額が大きければ大きいほどリーダーとしての度量を鍛えるのに効果があります。小さな経費の決裁権を託しても、本質的には決裁権を与えているとは言わず、経費を抑える責任を与えているに過ぎません。ここでいう決裁権とは、もっと大きな数百万、数千万の決裁権のことです。もちろんリーダーからの相談は確実にあります。その時、経営者は相談に乗り、意見を伝え、最後はリーダー自身が決定するように導きます。

ブライダル業界では、「支配人にすべて任せているから」という言葉を経営者の口からよく聞きますが、いざ支配人との打ち合わせが始まると、小さな広告の決裁一つでも「社長にＯＫをもらってきます」と言われることが多々あります。支配人であるにも関わらず、人事権もなし、決裁権もなし。そんな環境の中では、成長できないですし、わたしが支配人なら、何も自分で決められない名ばかりリーダーの役目は引き受けないとすら感じます。無論、経営者からしたら自分ですべて決めるほうが安心なのでしょうが、それではリーダーの成長だけではなく、組織の成長にもつながりません。**リーダーの成長のためには、経営者の覚悟が必要**なのです。

決裁権を与えられると、時に【お金のまちがった使い方】についても学びます。【お金の最高の使い方】と【お金のまちがった使い方】は紙一重です。身をもってそれを痛感したリーダーは格段に成長します。一方で、無難なお金の使い方しかできないリーダーは大きな成長を遂げられません。私自身も、これまで多くのまちがったお金の使い方をしてきました。その金額が大きければ大きいほど猛省し、二度と同じことがないように注意を払うようになりました。だからといって、この経験を単にリーダーに伝えれば良いというわけではなく、実際に経験してもらいたいのです。

三つ目の神器は**【大きくやりがいのある責任】**です。売り上げや原価、経費など業績以外の責任をリーダーにどこまで与えられるかがポイントとなります。例えば、「お客さま満足度を＊＊まで上げる」、「自分の後任を育成する」、「ＥＳのチームの一体感を＊＊＊まで上げる」といった、心が満たされる【大きくやりがいのある責任】があると良いと思います。逆に業績だけの責任を与えられても、リーダーの育成はなかなかうまくいきません。

リーダーの育成に関わる研修においてまずやるべきことは、リーダーに人事権を与え、自分のチームについて深く考えてもらうことです。そして、メンバー一人ひとりの個性と向き合い、どんな役割を託していくのか、今のチームに足りないのはどんな個性のあるメンバーなのか、必要に際し、ほかのチームから誰かを引っ張ることができるのかといったことを、日常的に考える習慣を身につけてもらいます。

また、チーム運営をしていく中で、時に迷走しながら、でも最後は覚悟を決めて自らの決裁で予算を使う経験を積むこともこの責任の中に含まれるでしょう。経営者としては、失敗も成功もすべてリーダーの育成経費と思えば安いものです。

リーダーは、この三種の神器を手にした上で、リーダーシップを発揮し、マネジメントスキルを磨き、チームを成功に導いていきます。リーダーシップやマネジメントスキルにおける研修は、この三種の神器が習得できてこそ、はじめて本来の意味をなすものだと思います。

リーダーが一枚岩となることの重要性

リーダー同士が一枚岩になっていない会社はさまざまなトラブルが生じます。同じ意見しか出ない組織ほど危険なものはなく、また、さまざまな意見や考えを持ったリーダーが集結しているのは、とても素晴らしいことです。ただし、リーダー間における意見の相違が原因で、メンバーを混乱させるようなことが起きると、再確認や手間が増え、メンバーに多大な負荷がかかります。

例えば会社としての決定事項に対して、メンバーの前で異論を唱えるリーダーが一人でもいると、会社決定の意義が軽くなり、チームは簡単にバラバラになっていきます。だからといって、リーダーは会社の決定に異論を唱えてはいけないというわけではありません。むしろ異論は会社の財産で大歓迎です。ただし、メンバーに話す前に、リーダー同士で意見を交換したり異論を唱えたりする場所や機会を会社として準備することが大事です。リーダーはそこでしっかりとディスカッションを行ない、最終的に決まったことに関してはメンバーの前で異論を唱えないことが大切です。そのようにリーダーの足並みが揃ってこそ、**【ウチのリーダーは一枚岩】**という印象をメンバーに与えることができ、結果的に組織の雑音を減らし、やがて目標に向かう大きな推進力となっていきます。

リーダーの結束力を高める「リーダー合宿」

リーダー同士が一枚岩となるには、まずは多くの時間を共に過ごし、結束力を高めなければなりません。弊社では、そのために【リーダー合宿】を実施しています。

リーダー合宿とは文字通り、リーダー全員が参加する合宿のこと。弊社では8年前から開催し、素晴らしい成果を残しています。

合宿を始めたのは、その当時、わたしの想いがリーダーに正確に伝わっていないと感じていたこと、また日常の仕事に追われて、本質的な課題についてリーダーとじっくり話し合うための時間がつくりにくくなっていたことがきっかけでした。会社にいると数多くの連絡や相談がリーダーには舞い込んでくるので、なかなか意思疎通を図るための時間を取ることができません。そこで、会社の決定事項に対するわたしの想いや考えをリーダーに率直に伝え、現状ある課題を放置することなく、スピーディーな意思決定を行なうためには、会社から離れた別の場所で、まとまった時間を取る必要があると考えました。今現在、リーダー合宿を繰り返すことでこの二つの課題は克服され、リーダー育成の素晴らしい機会となっています。

このリーダー合宿は丸2日、泊りがけで行ないます。組織のありとあらゆる課題を解決するのに48時間では到底足りませんが、それ以上伸ばしてもあまり成果にはつながらないと思います。なぜならば、リーダー一人ひとりのやるべきことがオーバーフローして、日常の仕事に戻ったときに生かせない可能性が高いからです。すべての課題を一度の合宿で解決しようとせず、次回の合宿への持ち越しがあってもOKという面持ちで挑むことで、優先順位をしっかりとつけて、いま解決すべき大きな課題から焦らずにじっくりと取り組むことができます。

合宿を行なう場所については、毎回社外にしています。缶詰状態で頭を徹底的に使い、アイデアを絞りだす2日間となるので、環境をがらりと変えることで良いアイデアが生まれやすくなります。レンタル会議室や旅館の宴会場などを借りてやりましょう。

参加人数は15名くらいまでが丁度よいです。会社の規模によると思いますが、弊社はリーダー全員参加が原則です。大きな会社では、いくつかのグループに分ける必要が出てくるかもしれませんが、該当するリーダーに不在がないことを絶対条件にしてください。なぜなら、リーダーが一枚岩となることが合宿の目的だからです。一人でも抜けるとそれができなくなってしまいます。

そして、頻度は年3回がベストです。あまり期間が空いてしまうと合宿で学んだ内容の定着が難しくなり、逆に頻繁にやりすぎても解決策の実行が疎かになってしまいます。

弊社では合宿の目的を三つに絞っています。一つ目は繰り返しとなりますが、**【社長を裸の王様にせず、リーダーを一枚岩にする】**ことです。この合宿では、社長の顔色を気にしながら発言することを禁じています。【お言葉ですが】や【失礼を承知でお話ししますが】といった言葉が出れば出るほど、ディスカッションは素晴らしいものになります。二つ目は**【何をやって何を捨てるのか、戦略の選択を共有する】**ことです。**なぜやるのか、なぜやらないのか。**リーダーがこの理由をしっかりとメンバーに説明できるように仕上げていきます。三つ目は【自分の課題を見つけて強化する】です。合宿でさまざまな議題をディスカッションしていくと、リーダーそれぞれの考えるレベル、話すレベル、聞くレベルの差がハッキリと浮き彫りになります。それぞれの課題が明確化すれば、あとはその解決に向けて集中的に取り組むのみです。例えば、「次の合宿までには聞く力をより強化しよう」と自分が感じたならば、明日からは聞くことに集中します。

目的達成のための合宿準備

リーダー合宿を行なう日時や場所を決め、グループ分けを終えたら、次は合宿を円滑に進めるための工程を思案します。合宿準備に必要な工程は次のとおりです。

【リーダー合宿の工程】

①合宿のオキテを作成

②発言ルールの明記

③幹事を決める

④話し合う課題のピックアップ

まず最初に**【合宿のオキテ】**を作成します。合宿のオキテは、合宿中、参加者全員が守らなければならないルールのことです。弊社では10個の合宿のオキテを用意しています。

【合宿のオキテ】

- **全員が最後まで参加する**
- **パソコンや携帯は必要なときだけにしよう**
- **NGワードに気をつけよう**
- **子どものような気持ちで思いついたアイデアを出そう**
- **【わからない】【思いつかない】という答えはなしにしよう**
- **問題点を見つけたら問題を指摘するのではなく、解決策を提示しよう**

・発言は結論から、簡潔にストレートに言おう
・雰囲気よくやりましょう
・最後に議題ごとの責任者と期日を決めよう
・発言を聞いたら、拍手の代わりに「イイネ」や「ステキ」と声をかけよう

このようなオキテを先に準備しておくことで、合宿の生産性は格段に上がります。例えば前述の【解決策を提示しよう】というオキテがあると、「＊＊＊が問題だ」というような発言は認められず、「こういう問題があるけれども、こうしてはどうだろうか?」といった発言をすることになります。前者はただの文句とも受け取れますが、後者は確実に会社のためとなる意見です。参加者全員がこのような発言をするようになると、合宿の雰囲気がどんどんポジティブになっていきます。また、こうした発言を習慣づけることは、リーダーが批評だけして何の解決策も掲示しない社内評論家になることを抑止する上でも有効です。そのほかにも【発言は結論から簡潔に、ストレートに】というオキテによって、リーダーの伝える力を鍛えることができます。例えば、あるリーダーが結論から発言できていない場合、その発言は途中で止められ、結論から言い直すように指摘を受けます。発言を途中で止められてしまうことは、とても嫌な経験となりますが、良いリーダーになるためには乗り越えなければならない試練です。なぜなら、メンバーはリーダーの話がたとえ分かりづらくても、面と向かって「分かりづらいです」とは言えないからです。だからこそ、合宿の場ではほかのリーダーから話を中断させられて嫌な思いや恥ずかしい思いをしたとしても、そこはスルーせず、誰が聞いても分かりやすいと感じるような話し方をマスターするまで徹底的に鍛えます。

次に**発言の仕方もルールとして明記**しておきます。例えば、意見がある場合、手を挙げて「意見があります」と一言添えてから、発言をしなければいけません。質問がある場合は、手を挙げて「質問があります。〜さん、＊＊とはどういうことですか？」と質問をしなければいけません。もし、ほかのリーダーの意見に賛同している場合は、手を挙げて、「〜さんの意見をプッシュします。なぜなら＊＊だからです」と発言をします。発言の仕方のルールづくりは、**結論から簡潔にストレートに話す**絶好のトレーニングにつながります。

また、合宿を実施する際は必ず幹事を立てます。幹事は、合宿を成功に導くためにとても大切な役割を担い、幹事を経験したリーダーは飛躍的に成長します。理想としては持ち回りが良いと思いますが、合宿自体がある程度の形になるまでは、同じ人が担当しても良いでしょう。

幹事が決まったら、次は話し合う議題のピックアップです。リーダー一人ひとりが現状で解決すべき課題と感じていることを、優先度をつけた上で幹事にメールで送ります。幹事はそれを数日かけて整理し、まとめて、２日間のスケジュールに落とし込みます。この際、皆が最も解決すべきと感じている重要課題や難しい課題のディスカッションは、午前中にスケジューリングするようにしましょう。なぜなら午前中は頭が冴えていて、集中しやすいからです。逆に昼休憩後は、簡単な内容で、一人ひとりが発言しやすい議題が向いています。活発な意見交換によって昼食後の睡魔にも負けません。

リーダーは、自分があげた課題を１週間前までにレジュメというかたちで幹事に送ります。レジュメ作成もこの時点では、リーダーによりかなりクオリティーの差が出ます。メンバーを納得させる分かりやすいレジュメを作成することは、リーダーにとって大切なスキルです。このレジュメ作成の繰り返しがリーダー育成につながっていきます。

一方、幹事には合宿場所の確保という役割があります。そのほか、食事の内容や用意しておくドリンク類についても、幹事の力量やセンスが問われます。これまでも旅館やホテル、ログハウス（わたしはここが一番のお気に入りです）など、幹事が選んださまざまな場所で合宿を行なってきましたが、いつもどんな場所になるのかと、ワクワクしています。

合宿の進め方

そして、ついに当日。合宿はまずリーダー全員で【合宿のオキテ】と【発言のルール】を復唱することからスタートします。その後、合宿の幹事が決めた順番に沿って、議題を進めていきます。ここからは議題提起者が進行役となり、その議題を挙げた理由とディスカッションのゴールを説明します。進行役は意思決定者を任命し、進行役と意思決定者は必ず別の人にします。なぜなら、進行役が意思決定権を持ってしまうと、自分の望む結論に向かうように進行を進めることができるからです。

次に、議題提起の理由やゴールに対して、【発言のルール】に沿って全員が質問をします。この際、具体策を考える上で、必要な情報や素朴な疑問をどんどん進行役にぶつけていきます。議題の検証がある程度済んだところで進行役は質問タイムを打ち切り、解決策のアイデア出しに進みます。議題により違いますが、具体策を考える時間も進行役が決めます。解決策をそれぞれが考え、事前に配られているミニホワイトボード（A３サイズ）に記入をしていきます。アイデアの発表はクイズ番組形式で行なっていきます。クイズ番組の回答者のように、順番に発表していきますが、ここでは質問や意見は一切受け付けません。まずは全員が自分のアイデアを発表していきます。クイズ番組形式で行なうと発言が瞬発力勝負になることがなく、参加者全員のアイデアを平等に聞くことができ、何も発言しない会議難民が現れません。

続いてディスカッションタイムです。発表されたさまざまなアイデアに対して質問をしたり、改善を提案したり、賛成したりしながら、ディスカッションを進めていきます。もちろんこのディスカッションも発言のルールを守りながら進めていきます。十分なディスカッションができたと判断したら、進行役はディスカッションタイムを打ち切ります。

そして投票タイムです。進行役は採用する具体策の数と一人が投票できる数を決め、メンバーは採用したい具体策に投票します。投票数は出た案の3分の1が目安です。全員の投票が終わったら、決定者が採用するアイデアを決めます。ポイントは多数決で決めないことです。多数決で決めない理由としては、会社が解決しなければならない課題は多岐に渡り、その場の空気に飲み込まれることなく、冷静なジャッジが必要と考えるからです。例えるなら、膝と腰が両方痛いときに、より痛いほうの膝の治療ばかりしていても腰はいっこうに治らず、結果的に腰をかばおうとして、また膝を痛めてしまうといったことが起きてしまいがちです。そうした状況に陥らないためにも、先ほどのディスカッションを思い出し、投票数を確認しながら、決定者が【やるべき】と考えるアイデアを採用することが大切です。

最後に決まった具体策に対して実行責任者と期限を決めます。責任者は今後の日常の中で具体策を実行し、課題解決につなげなければいけません。基本的に、この流れを繰り返していき、会社の課題に対して実行するアイデアをどんどん決めていきます。経営者である私が議題を提起することもあれば、普段は口数が少ないリーダーが議題を提起することもあります。メンバーの声を代弁して議題にするリーダーもいます。さまざまな課題を全員で考え、短時間で必ず決定するようにします。この意思決定の繰り返しにより、リーダーの発言力、説明力、理解力、まとめる力、アイデア力が飛躍的に伸び、結果として会社をどんどん良くしていきます。

効果的なリーダー合宿にするためのコツ

リーダー合宿の効果を確実にするには、六つのコツを意識すると良いでしょう。

一つ目のコツは、**【発言は結論から簡潔にストレートに】**を徹底することです。そうは言っても最初はなかなかできないメンバーが多いのも事実です。そのような場合、気づいたメンバーが遠慮なくその場で指摘するようにします。それにより、指摘を受けたメンバーはその場で言い換える必要が出てきます。会議が一時的にストップするというデメリットこそありますが、合宿の大きな目的はそもそもリーダーの育成です。この繰り返しを行なうことにより、リーダーの発言力や説明力が上がり、最終的には大きな飛躍につながります。

リーダー合宿
手順
①場所決め ②議題募集 ③参加者募集
募集!
④スケジュール組み
スケジュール
事前準備
ガンバルゾ!!
幹事
いってきまーす
ブロロロロー
しゅっぱーつ
合宿一日目
②ひたすら会議
とことん
①合宿のオキテルール
③お昼ごはん
④ひたすら会議
一日目会議終了
⑤楽しくごはん
合宿二日目
①ひたすら会議
②お昼ごはん
正しい使い方
③リーダーによるセミナー
④次の幹事を決めて合宿終了
私やります
イイネ
イイネ
後日…
合宿まとめ
まとめの共有

二つ目のコツは、**ハンズアップにより、リーダー以外のメンバーが合宿に参加すること**です。毎回2名が立候補により選ばれ、合宿に参加しています。このメリットは三つあります。まず新しいメンバーの参加がリーダー合宿に良い意味での緊張感を与え、そのフレッシュさが既存メンバーに良い刺激を与えます。それから次世代リーダーの育成ができるという点も大きいです。リーダーを志すメンバーは、合宿に参加することでリーダーとなるための今後の課題を具体的に見いだすことができます。そして何より、自分のチームメンバーが決定事項を納得しやすくなります。同じ職位のメンバーから「びっくりするほど真剣に話し合って決めていた」などと説明がされると、時にリーダーから聞くより納得しやすいというメンバーもいます。

三つ目のコツは、**立候補メンバーに必ず何か一つは議題をあげてもらうことです**。会社の課題は容易に挙げることができても、解決策を導き出すのは難しいもの。さらに難しいのは、その解決策を確実に実行することです。リーダー合宿はこうしたことをいち早く体験できる良い機会となります。

四つ目のコツは、**社外の人に必ず1名は参加してもらうこと**です。自社のことを外から客観的に見てくれる人の合宿への参加は、会社が鎖国状態になることを防ぎ、合宿を有意義にします。

五つ目のコツは、リーダーのうちの誰かが1時間程度のセミナーを行なうことです。セミナーを行なうために勉強し、資料をつくり、練習をし、発表をします。この施策はリーダー育成にとても効果があります。例えば、ある結婚式場の料理長が、【休み方改革】というテーマでセミナーを行ない、超一流と二流と三流の休みの取り方の違いについて、ユニークに語ってくれました。このような臨時セミナーも合宿ならではの醍醐味です。

六つ目のコツは、合宿の環境です。弊社では、合宿参加は私服で行ない、お菓子やジュースなど、食べ飲みしながらのディスカッションもOKです。普段とは違う、可能な限りリラックスした環境で議論が弾むようにしています。

社長の話がうまくメンバーに伝わらない。リーダーの育成がうまくできない。会社に一体感がない。こんな状況にある会社にとって、一石三鳥のリーダー合宿は最強の特効薬となることでしょう。

- Nina -

第六章
全メンバー人事部の新卒採用

地方の中小企業でも優秀な人財採用は可能

２０１８年、学生向け大手就職サイトの全国冠婚葬祭ジャンルにおいて、名古屋本社の中小企業である弊社がある一時、ＰＶ数を4位まで上げることが出来ました。その年は、地元から1名、残りの7名は全国各地から採用し、中には大手金融機関の内定が出ていた男性や日本が世界に誇る大企業から内定が出ていた女性も含まれています。直近の新卒採用でも、入社する11名全員が本社のある愛知県とは縁もゆかりもない場所で暮らす学生でした。こうした経緯から、地方の中小企業でも大企業に勝つ採用は可能であると自負しています。

まず、新卒採用において最初に決めておかなければならないことは三つあります。

一つ目は、自社の採用において、どういったゾーンの学生を狙っていくかということです。この方針が定まっていないと、採用に携わるメンバー（以下略、採用メンバー）が考えるアイデアや策が人によってぶれてしまい、根本的な考え方の差が埋めにくくなってしまいます。方針の内容は会社の状況によっても変わってくるかと思いますが、どんなゾーンの学生を採用するのかを先に決めておく必要があります。

ちなみに弊社は、**全国各地の大企業や有名企業からも内定が出るような学生を採用する**という方針を打ち出しています。大企業や有名企業に受からなかった学生を採用するのではなく、自社が大企業や有名企業に勝負を挑む会社であるという方針を採用メンバーにしっかりと説明し、社内における意思を統一しています。

二つ目は、**どんな人財を採用するかという人財像をしっかりと決めておく**ことです。この人財像が明確にならないと、募集要項に書く内容および、説明会や面接における学生へのアプローチの方法をまちがえたり、採用メンバーの好みで採用してしまったりということが起こりがちです。

ちなみに弊社では、10項目以上の人財像を定めています。

【採用する人財像】

- **弊社の理念やオキテに共感している**
- **チームワークで目標に向かうことが大好き**
- **無茶振りにも笑って対応できる**
- **成長意欲が私生活の充実よりも優先**
- **大きな挫折を乗り越えた経験がある**
- **たくさんの人と一緒に長時間いることが好き**
- **成績の善しあしに関わらず頭の回転が速い**

・**どんなことにも一生懸命に努力できる**
・**簡単にあきらめない**
・**エネルギーが高い（性格診断テストにおける行動力・決断力・野心性・競争力の合計が高い）**

説明会から選考の過程において、こういった人財像を必ずチェックします。

三つ目は、**自社における採用活動の優先度**です。大企業のような大所帯の採用チームをつくることができない中小企業では、良い採用のためには現場メンバーの協力が不可欠です。新たな人財の発掘は無論、企業にとって大切な仕事なのですが、採用担当を命じられたメンバーは、日常の業務と両立しなければならないこともあり、採用の仕事が時に片手間になってしまいがちです。中には、その多忙さゆえに、なぜ現場仕事と両立してまで採用活動が必要なのかをメンバーが腹落ちしておらず、行動にうまくつながらないケースもあります。だからこそ会社として、採用活動の優先度をしっかりと決め、メンバーに伝え、理解してもらう必要があります。

ちなみに弊社では、**採用を「事業」として捉え、新規営業獲得や婚礼施行と同じ優先度であるとメンバーに明言**しています。もちろん、売上があるわけではないのに、なぜ優先度が営業獲得と同じなのかと疑問に思うメンバーも出てきます。だからこそ、しっかりと理由づけすることで、メンバーに腹落ちしてもらう必要があります。激化している採用マーケットのデータを見せつつ、「採用は会社にとって最も大切な事業の一つである」という認識をメンバー全員が共有できれば、チーム一丸となって採用活動を繰り広げることができます。こうした企業文化を形成できれば、中小企業でも人財採用において大企業に打ち勝つことができると思っています。なぜなら**優秀な学生ほど企業の本質を見抜く力があり、面接官が話している内容が上辺だけなのか、それとも本質なのかを見極めるからです。弊社では、「全メンバーが人事部」という方針を打ち出し、入社1年目であっても全員が何らかの形で採用に携わる**ようにしています。自社に必死に入社しようとする学生と触れ合うことは、メンバーにとっても、彼らと同じような気持ちで入社してきた頃の自分を思い出す良いきっかけとなり、日常の仕事においてもモチベーションが上がるメンバーが多いと感じています。

アプローチは男女で分ける

次に、人財像のチェック方法、そして説明会や選考会でやるべきことをご説明します。

名の知れた大企業と違い、地方都市の中小企業である弊社のことを学生は知りません。当たり前のことですが、知ってもらえてなければ説明会に来ることもありません。では、どうすれば全国の学生に弊社について知ってもらうことができるのでしょうか。

昨年も3000名を超えるエントリーをいただきましたが、この数年、弊社では大きく分けて2通りの手法を取っています。具体的には、ウエディング業界は「女性が働く業界」というイメージが強いこともあり、その特性上、新卒採用において男性が極端に少ないという状況をできるだけ避けるため、女子学生向けには就活サイト、男子学生向けにはスカウトサイトをメインに活用しています。無論、就活サイトから応募をしてくれる男子学生も中にはいるのですが、エントリーする学生の8割以上が女性であることから、こうした対策を取るようになりました。

大手就活サイトでは一般的な募集要項を企業が掲載し、そこに興味を持った学生がエントリーしますが、スカウトサイトは学生が自ら書いたプロフィールを企業がチェックし、その学生に興味を持ったら、企業側から学生に直接アプローチができるサイトのことです。それぞれに使い方のコツがあり、どれだけ多くの学生に自社を知ってもらえるかはその使い方がカギを握っています。

まず、就活サイトに自社の募集要項を掲載する上で重視する点として、前述の【どんなゾーンの学生を採用したいのか?】、【どんな人財を採用したいのか?】という2点があります。ブライダル業界に限って言えば、「大手企業に負けないように」と美しい会場写真や結婚式の写真を載せ、美しい光景やきれいなモノを重点的に掲載している企業をよく見かけます。しかしながら、このやり方だと大手企業に勝つことはできません。なぜなら、**中小企業の魅力は【人】と【企業文化】**だからです。

就活サイトに掲載している弊社のページをご覧いただくのが一番早いですが、ブライダル企業という雰囲気はあえて打ち出していません。**【人】と【企業文化】をしっかりとシンプルに、そして明確に打ち出すことをモットーに募集要項を構成しています。**なぜなら学生の中には、**【どんな人たちと働くか】**という軸で会社選びをする人が大勢いるからです。こういった軸で考えている学生に向けて、人と企業文化の強みをしっかりと打ち出せる中小企業はかなり有利だと考えます。

ちなみに一昨年の会社説明会のキャッチフレーズは【大企業もびっくりぽん!! 体験型!? ☆サプライズトップセミナー】でした。**数多ある企業の中で中小企業が埋もれないためには、バランスや美しさよりも【強烈な個性】がカギを握ります。**そのため、弊社では採用したい人財像が興味を持つようなキャッチフレーズを毎年熟考し、細部にまで工夫を凝らしています。

こうした言葉選びの「質」同様、気を付けたいのが「量」です。就活サイトがあらかじめ準備している企業情報用フォーマットには、余すところなく入力しましょう。内容ももちろん重要ですが、学生の中には「情報量が少ない＝魅力が少ない」と受け取る学生もいます。大企業であれば、ネットサーフィンをすればそれ相応の情報がすぐに収集できますが、中小企業はその点では不利です。

だからこそ、気を抜くことなく、情報の「量」をしっかりと入れることが大切です。しかしながら、その明確な理由はわかりませんが、残念ながらこのような基本的な機能を十分に使いこなせていない中小企業が多いと感じています。書くことがないのか、手を抜いているのか……。

百聞は一見に如かず。弊社の掲載ページをご覧いただくと、何を言わんとしているかをより理解していただけると思います。就活サイト同様、自社サイトの会社紹介ページも重要です。弊社サイトは採用を一番の目的として構築しています。就活サイトで弊社に興味を持ち、サイトを訪れてくれた学生ががっかりしないよう、そして志望度が上がるように会社紹介ページを作成しています。就活サイト同様、採用したいと考えている【ゾーン】や【人財像】の学生をしっかりと意識した上で、彼らが閲覧した際、魅力的と感じるように自社サイトをつくり込んでいきます。

全メンバー人事部

弊社は、男子学生へのアプローチが難しい業界の会社でありながら、この数年は、有名大学の男子を採用することができています。スカウトサイトの利用に加え、これに一役買った施策が、**【全メンバー人事部】**です。その名の通り、人事担当のメンバーだけでスカウト活動をするのではなく、全メンバーでスカウト活動をする施策を弊社ではこう呼んでいます。この施策は優秀な人財を採用する上で、中小企業にとっては非常に効果があります。

この全メンバー人事部を思いついたのは6年前です。負けず嫌いのわたしは、採用でも大手企業に負けたくありませんでした。しかし、弊社のような50名規模（2014年当時）の中小企業では、大手企業のような人事部をつくることはできませんでした。そこでどうしたら小さい規模の会社が大手企業に勝てる採用をすることができるのかを真剣に考え、その答えとして【全メンバー人事部】が生まれました。

なぜこの施策が有効かといえば、少数の人事部のメンバーだけで学生をスカウトしようとすると、どうしても同じようなタイプの学生ばかりに偏ってしまう傾向があるのですが、全メンバー人事部によりそれを防ぐことができます。人事担当一人ひとりがたくさんのスカウトを行なうと、スカウトする際のメッセージもどうしてもマンネリになってしまいがちです。なおかつ大勢に書かなければならないので、魂が込もらず、気持ちの伝わらない文章になってしまう可能性が高くなります。実際、学生には沢山の企業からスカウトメッセージが届きます。学生からすると、スカウトメールは当然のことながら自分の将来に関わる重要なメールですので、その内容をよく吟味しています。**人事担当者が定型文で送ってきたのか、それとも本当に自分を理解して書いてきてくれているのか。企業が考えるよりも学生の洞察力ははるかに長けています。**

こうした「人事採用の沼」にはまらないよう、**弊社ではメンバー全員がスカウト活動を行なえるようにレクチャーし、新しい仲間を全社一丸となって探しています**。その結果、２０２０年度の採用活動がスタートしてからわずか1ヵ月足らずで、男子学生40名以上のスカウトの承認を実現しています。興味深いことに、これまで一番スカウトの結果を残しているのは、２年目のキッチンスタッフで、その次もキッチンスタッフです。**多種多様な個性を持つメンバーが、新しい仲間を見つけるために、自分の時間を少しずつ削って、情熱を持ってスカウトメールを書いています。メンバー一人ひとりが採用の大切さを理解し、毎日少しの時間を採用活動に割くことができれば、中小企業ならではの独自性や温度感のある強い採用ができる**と考えました。

会社説明会はもちろん、選考においても、メンバー全員がさまざまな形で学生と接点を持つことが弊社の方針です。今の学生は企業からの一方的なメッセージを懐疑的に見ていると思います。スマートフォンを駆使し、会社研究をしているのです。昔に比べれば多くの情報を簡単に集めることができているにもかかわらず、企業の本当の姿を見定めようと必死です。会社説明会や選考などを通じて、弊社では最終選考で会う学生はそれまでに20人前後のメンバーと接点を持つようにしています。そして、その全員が同じ方向を向き、情熱や誇りを持って、働いていることを伝えてくれています。**一人ひとりの顔がなかなか見えにくい大企業との大きな差別化はメンバー一**

人ひとりの情熱によって実現しています。

無論、企業の強みは千差万別です。業種も違えば、規模も違い、大切にしているマインドだって当然違います。**大手企業の真似をせず、かつ大手企業が真似できない、一番手強い会社になるには、メンバー一人ひとりの顔が見える、一体感と温度感のある採用だと考えています。**

スカウトメッセージを送り、学生が弊社からのスカウトを承認すれば、いよいよ面談です。現状では、わたし、もしくは弊社の取締役ＣＯＯの二人で分担して学生に会っています。体育会系の人財が多く、学生からのエントリーを待つ大手就活サイトからのアプローチではなかなか会うことのできない人財だと感じています。

会社説明会の準備

次に会社説明会についてです。弊社ではスカウトサイトで出会った学生以外は、基本的に会社説明会への参加の案内をしています。採用の状況が読みづらい昨今においては、エントリーや選考の進捗などを見ながら臨機応変に追加開催するようにしています。説明会をいつでも開催できるように準備しておくことが大切です。

その時々で説明会の規模は変わりますが、大きな説明会の準備として最初にやることは、学生たちの前で自身の経験を説明するメンバーの選出です。年齢・性別・職種はもちろん、メンバーの個性も十分に考慮して、学生たちの前でどんな話をするのか、意図と目的をもって役割を決めていきます。例えば、東京生まれ東京育ちのＡさんは、なぜ名古屋に本社のある縁もゆかりもない弊社に就職を決めたのかをしっかりと伝える役目。Ｂさんは学生にキラキラしたウエディングプランナー像を見せ、弊社だからこそかなう結婚式を伝える役目。Ｃさん（男性）は男子学生に対して若手でもどんどんチャンスがある企業風土を伝え、目標となるようなリーダー像を伝える役目。Ｄさんは、爆発的なユーモアとエネルギーを伝える役目。このような形で、事前に決めておいた【採用したい学生像】をしっかりと意識した上で、学生に伝えるべき自社の魅力をメンバー一人ひとりの個性や特性を通じて学生に伝えていきます。ただし、メンバーにはどのような役割を期待しているのかは伝えません。**変に意識をしてしまうよりも、【ありのままの自分】を表現してもらっています。**

具体的な内容については、企画チームが決めます。そして、その進行の一つひとつを説明会メンバー一人ひとりに託していきます。例えば、弊社で大切にしている**【元気な朝礼】**を学生の前で披露する場合、「説明会の朝礼は＊＊さんに任せるね。基本はいつも通りでいいけれど、学生を勇気付けられるような説明会ならではの朝礼にしてね」といった具合です。このように説明会に参加するメンバー一人ひとりに大きなミッションが与えられていきます。**大きな責任を一人ひとりが担いながら、それぞれの個性を発揮し全力で取り組む。そして周りにいる仲間は、それを全力でサポートする。これこそが中小企業で仕事することの醍醐味であり、会社説明会において学生に見せるべき姿だと思っています。**

ちなみに「全メンバー人事部」という方針のある弊社においては、誰もが数年に一度は必ずこの説明会メンバーに任命されます。説明会の回数は10回以上になります。ですので、会社説明会に携わったメンバーは会社への理解を深め、大きく成長していきます。これも全メンバー人事部の大きなメリットの一つです。

メンバーの人選を終えたら、説明会の内容を決めていきます。もちろん【採用したい人財像】の学生が、ググッと興味をそそるような内容にしなければなりません。ただし、**説明会だからといって普段と違うことを行ない、説明会のみよく見せるといったことはしない**ように気を付けています。なぜなら、見せかけだけの説明会は、優秀な学生に見透かされてしまうからです。また、入社後に「思っていた会社と全然違う」ということにもなりかねません。

逆に避けたいのは、説明会に参加しているメンバーの気持ちがスッキリしない状態になってしまうことです。**もし、【自社の普段通り】に魅力がないのであれば、【自社の普段】を魅力あるも**

のに変えていく必要があります。言い方は悪いですが、学生を騙したり、錯覚を起こさせたりするような採用は学生にとって不利益なだけではなく、働いているメンバーのマインドにも悪影響を及ぼします。なぜならば、そのようなことを平気でやる会社をメンバーが誇りに思えたり、信じたりは決してできないからです。

原則として、会社のことが心から好きで、日々充実していること。その普段通りの自分たちの姿を学生の前で表現すること。メンバー一人ひとりの個性をフルに生かして学生に自社の魅力を精一杯伝えること。シンプルですがこれこそが大切です。

強烈な個性と「あったかみ」を最大の武器に

ちなみに説明会で弊社が大切にしているポイントは三つです。

①個人の個性を活かしながら弊社の持つ強烈な個性を体現すること

個性が活かせるのが中小企業の魅力であり、大企業ではなかなか難しいことだからです。

②弊社に合う学生と合わない学生をハッキリと伝えること

たくさんの学生に会いたい気持ちは山々ですが、弊社の規模では会社説明会に参加した学生全員を選考で迎えることはできないので、できる限り誤魔化すことなく伝えるようにしています。

③メンバーがチームワークを発揮し、一体感を生むこと

企業理念にも明記しているメンバー間のチームワークの良さは弊社の最大の強み。学生に弊社の良さを伝えると同時に、メンバー間の一体感を高めます。

弊社では、採用チームが説明会のおおまかな進行を決め、説明会メンバー一人ひとりが担当を持ち、その内容を考えます。説明会では、開始一時間前からホールの前室でさまざまな企業文化を体験できるようにしています。パネルや資料をたくさん展示し、メンバー一人ひとりが自社の魅力を語り、体現していきます。仕事のやり甲斐や社会貢献活動を熱く語るメンバーもいれば、マジックを披露するメンバー、学生を巻き込んで一緒に踊るメンバーもいます。

まずは冒頭のあいさつ。弊社には【ニックネームで呼ぼう】、【あいさつは握手】といった文化があるので、名札もニックネームで表示し、採用メンバー全員が学生と握手をします。そうすることで等身大の企業文化を学生にしっかりと体験してもらいます。この最初の段階で「ここはほかとは全然違う！」という印象を学生に持ってもらうことが大切です。

次に、学生の緊張をほぐすために行なっているのが、オープニングアクトです。担当するメン

バー一人ひとりが自分の個性を活かす内容を考え、体現しています。これまでにも歌が上手なメンバーが変装をし、松山千春さんの歌を披露したり、4名のメンバーで大喜利を行なったり、ツandトモを模したりしています。オープニングアクトの内容が毎年違い、メンバーの個性や魅力があふれているため、私自身もとても楽しみにしています。

そして、いよいよ説明会のスタートです。司会者の紹介映像が流れ、担当メンバーが登場します。この紹介映像も説明会メンバーの手づくりです。**プロがつくる映像よりクオリティーは落ちますが、大切な仲間が心を込めてつくる映像ですので、映像の中で使われる言葉や写真に愛情があふれています**。説明会後の参加者アンケートには、「手づくり感あふれる映像に感動しました」と多く書かれています。多くの企業説明会に参加している学生は、言い方は少し語弊がありますが、マニュアル通りに無難に整えられた企業紹介映像をすでにたくさん目にしてきています。だからこそ、クオリティー勝負ではなく、**【等身大のあったかい映像】**こそ、中小企業の表現すべき映像だと思っています。

映像を見てもらった後は、弊社の朝礼を**【目覚めの一発】**として披露します。もちろん、この朝礼も、担当メンバーが普段と同じように行ないます。あまりにも強烈で元気な朝礼のため、弊社の説明会においては、この時点で【自分には合わないかも】と感じる学生もたくさんいます。せっかく説明会に来てくれたのにもったいないと思われるかもしれませんが、わたしはそれで良いと思っています。**企業の個性を強烈に表現すれば【この会社が合わない】と感じる学生が増えて当然です。その一方でその個性が自分の価値観に合うと感じた学生には大きな魅力として映ります。**合う合わないをうやむやにするよりも、はっきりさせるほうが両者のためです。

代表自ら撮影する会社紹介映像はメリットがいっぱい

続いて、私が毎年制作している会社紹介の映像を流します。この映像は、弊社が毎年行なっている大新年会の様子を編集したもので、参加者はパートナー企業やアルバイトスタッフを合わせると200名規模に上ります。この映像は、業者に頼むことなく、私自身が3ヵ月ほどかけて撮影し、メンバー一人ひとりにメッセージをつけ、会社の1年間を振り返るために、自分自身ですべて編集します。無論、予算をかければ、説明会用のクオリティーの高い映像をつくることは可能ですが、それによって弊社の【あったかさ】を伝えられるかというと、わたしはそうは思いません。**想いの伝わるリアルな等身大の映像こそが、何よりも大切**だと感じています。どんどん忙しくなるのに、なぜ自分で撮り続けるのかという質問をよくいただきますが、メリットだらけだからという言葉に尽きます。撮影をすることで、メンバー一人ひとりの成長をしっかりと見守り、そして見つけることができます。また、フィールド（現場）にも入ることが多くなりますので、日々仕事をしているメンバーでは気づかないことにも気づくことができ、指摘をすることもできます。パートナー会社さんやアルバイトスタッフさんの撮影もすることで、代表者としての感謝の気持ちを現場で伝えることもできます。何よりも一番のメリットは、メンバーと私のつながりや信頼関係がより深まる実感を持てることです。

代表である私とメンバー一人ひとりとの距離感や真剣でキラキラした仕事振りなど、そこには笑顔いっぱいの日常を通じた企業文化が映し出されています。何回も見ることになる説明会メンバーが【何回観ても泣ける】と話してくれることが何よりの証です。

代表が説明会で話す意義とその内容

このように、弊社の説明会は、企業文化の体験から始まり、個々の個性が爆発しているオープニングアクト、元気もりもりの朝礼披露、等身大のメンバーを確認できる手づくり感あふれる会社紹介映像と進んでいきます。繰り返しますが、**すべてが日常の延長であること、メンバーの個性が表現されていることが大切**です。そのすべての工程を終えたら代表であるわたしの出番です。

ここで、今度は再び自分の口から、弊社の魅力をしっかりと学生に伝えていきます。代表の顔が見えるのが中小企業の魅力の一つです。説明会の参加人数も、代表が来ると来ないとでは大きく違います。なので、説明会には必ずわたしが足を運び、直接学生に向けて語るようにしています。

ちなみに時間は60分。説明では、映像や写真、数字など、具体的にイメージできる資料も使っていきます。**学生が聞いている間に必死にメモを取らなければならないとなると聞き損じも生じやすくなるので、資料はネット上でダウンロードできる旨を事前に告知し、できる限り聞くことに集中してもらえるようにしています。**

その中で、わたしが主に何を話しているかというと、【他社との違い】です。**【他社との違い】で伝えるメッセージは、万人に受ける会社ではないということです。**これにより弊社の価値観に合う学生の志望度は強烈に上がると同時に、逆に合わない学生の志望度は下がっていきます。それくらい強烈に【他社との違い】を伝えることが大切です。

結婚式場を運営している会社だからといって、結婚式の魅力やキラキラした部分のみをたくさん話したとしても、大企業にはなかなか勝てません。そうしたプレゼンは、競合他社もすでに数多行っているからです。ですので、ここでは大企業にはなく、自社にしかない魅力を【他社との違い】としてとことん伝えていきます。

まじめな話の後はマジックやダンスでメリハリを

60分間、わたしがまじめな話をした後は、思いっきり楽しい雰囲気にするために、弊社が日ごろから取り組んでいることを音楽に乗せてパフォーマンスします。具体的にいうと、マジックとダンスを参加メンバー全員で披露するのです。学生が飽きないよう、内容にメリハリを付けることに注力しています。それを終えると説明会の前半は終了。15分間の休憩時間に入ります。

この休憩時間の間に、**「この会社は自分に合わない」と感じて帰る学生もいますが、弊社においても、これは良いことであると判断しています。それくらいでないと企業の中身が伝わったとは言えません。**さらに、休憩時間は参加メンバーが学生と自由に話をする時間にしています。弊社の魅力で伝えきれない細かい部分に関しては、事前に準備しておいたビデオを繰り返し流すようにしています。

休憩を終えたら、後半のスタートです。メリハリをつけるために、前半同様、後半もスタートはエンジン全開でいきます。まずは数人のメンバーでマジックを披露します。学生の中から1名選び、一緒に参加をしてもらいます。学生によってノリはさまざまですが、どの学生も笑顔で参加してくれます。マジックが終わった後は、学生にサプライズを仕掛けていきます。その日が誕生日だったり、一番遠方から足を運んでくださったりと仕掛ける理由はさまざまですが、**サプラ**

イズカンパニーの真骨頂をここで体験してもらいます。

ここでも大事にしているのは日常を表現することです。弊社において、このようなサプライズは日常です。この日常を体験してもらうことに意味があります。自社の日常そのままの企業文化を楽しく体験してもらうよう努めています。

マジックを終えたら、次は大勢のメンバーが参加する【トゥー・ビー・トーク】。いわゆるテレビ番組のアメトーク風の企画を披露します。【トゥー・ビー・トーク】では、さまざまなテーマに対して、弊社のメンバーがアドリブで自分の想いや経験を語っていきます。この語りのポイントは、なんと言ってもアドリブであること。無論、ピントがずれた話になってしまう場合もありますが、それもリアルな感じが伝わってなかなか味わい深いものです。メンバー一人ひとりが会社をどう感じているのか。その生の声は、経営者がいくら声を張り上げて語るよりも説得力があります。

学生へのエールの気持ちを歌や踊りで表現

ここから会社説明会もいよいよフィナーレに向かっていきます。まずは、学生に**【就活をがんばって欲しいというエール】を歌と踊りで表現**します。

弊社では**【全メンバーダンサー化計画】**を掲げ、実際の挙式披露宴で花嫁花婿さまたちに喜んでいただけるよう、また健康を維持しながら、メンバー同士のコミュニケーションを深めるためにも、日ごろからダンスの先生にお越しいただき、ダンスレッスンを行なっているので、**その得意のダンスを通じて等身大の自分たちを表現しています。**弊社には【ファンづくりに真剣に取り組む】というオキテがありますので、説明会においても、このオキテを徹底的に実践していきます。このエールには学生のファンをつくるというメリット以外にも、学生への勇気付けや採用メンバーが謙虚になれること、そして会社の姿勢や自分たちの行動にメンバーが誇りを持つことができるというメリットもあります。

エールの内容は、選ばれたメンバーが考えます。その内容を説明会メンバー全員で情熱を持って取り組みます。**真剣にバカになれる大人、ひたむきにドロ臭く一生懸命になれる大人を体現し、弊社ならではの企業文化を体感してもらいます。**

そして、迎えるグランドフィナーレでは、説明会に参加していないメンバーが作成したエンドロールを流します。【全メンバー人事部】という方針の弊社においては、説明会に参加しないメンバーもさまざまな形で協力しています。もちろん、このエンドロールも手づくりで、学生へのエールや私たちの企業文化を目一杯表現した内容に仕上げています。何度もお伝えしていますが、手づくりでしか伝えることができない【あったかい部分】こそが、中小企業の強みだからです。

エンドロールが終わると、説明会は無事終了……ではなく、実は最後にもう一つ大きなサプライズを仕込んでいます。それは【カーテンコール】です。ミュージカルのエンディングを飾るようなカーテンコールを、全メンバーが笑顔とユーモア盛り沢山で演じきります。このカーテンコールに憧れて入社するメンバーもいるほどのステキな時間となっています。私自身もこのカーテンコールがとても好きで、メンバーと一緒に楽しく演じています。参加メンバーが心から楽しんでいる光景は、学生に中小企業の魅力を伝える何よりの武器だと思っています。

そして最後、ただやりっぱなしにするのではなく、きちんと振り返り、次回以降の改善に繋げるために、参加した学生には必ずアンケートを書いてもらっています。おかげさまで、アンケートでは、次のようなうれしいコメントをたくさんいただきます。

「はじめから感動した説明会ははじめてでした」

「ここまで本気を出しきるのは本当に素晴らしいと感動しました」

「迫力がスゴすぎて、いい意味で衝撃的でした」

「企業の魅力を伝えるだけではなく学生を一生懸命楽しませようとしてくれる説明会」

「私には合わないけれど、結婚式はここで挙げたい」

また、次のようなコメントも当然あります。

「とてもいい会社だと思いましたが、私の価値観とは違うと思いました。」

これらのコメントはごく一部ですが、こうしたコメントをもらうことで、一生懸命に準備を続けてきたメンバーのモチベーションや心の成長につながるのも大きなメリットとなっています。

会社説明会はメンバー一人ひとりの劇的な成長を促す場

最後にわたしの会社説明会における大事な想いを二つお伝えします。一つ目は、中小企業だからできることに特化しながら、大企業に勝つというマインドをメンバーに浸透させることです。なぜならば【大企業よりもウチがいい！】、このようなマインドをメンバーが持つことは、普段の仕事で成果を出すためにもとても大切だからです。二つ目は、採用のためだけに会社説明会をやらないことです。会社説明会には、メンバーのさまざまな能力を劇的に引き上げるパワーがあります。メンバー全員に期待し、説明会を通して、一人ひとりがチャレンジをし、成長を実感してこその説明会だと思っています。たしかに一部の固定メンバーで説明会を運営したほうが効率は良いのですが、そうした**効率や成果よりもメンバーの成長を優先する**ようにしています。

会社の個性や社風はそれぞれ違いますので、そのまま真似できないこともたくさんあるかと思いますが、少しでも皆さまの採用に役立つようであればうれしい限りです。

面接と内定辞退を防ぐ仕掛け

ここからは、面接と内定辞退を防ぐ仕掛けをご紹介させていただきます。ちなみに弊社はこの5年間で40人以上の内定通知を出していますが、内定辞退はわずか3％です。また、ほとんどの内定者が本社のある愛知県出身ではなく、愛知県には縁もゆかりもない学生です。工夫次第で、会社の規模や所在地を超えて、全国から良い人財を集められる採用ができると確信しています。

さて、新卒採用の目的は、言うまでもなく優秀な学生を採用することですが、理念経営を徹底して実践している弊社においては【弊社の価値観に合うか】というポイントをとても大切にしています。**優秀であること、そして価値観が合うこと**。この2点において合致する学生を探すため、また内定承諾・辞退を防ぐためにもメンバー全員でさまざまな仕掛けをつくっています。その仕掛けを考える上でも、メンバー共通の価値観がとても大切になりますので、【採用における心構え】を三つ掲げています。

一つ目は、**学生への感謝の気持ちを忘れず、選考を通じて学生が成長できるようにする**という心構えです。ありがたいことですが本年度も既に3000人以上のエントリーをいただいております。弊社には**【ファンづくりに真剣に取り組む】**というオキテがありますので、学生に対しても同じ姿勢で向き合っています。そして、その努力は優秀な学生ほど敏感に察知してくれるものです。弊社に対し、**【学生を大切にする企業、しっかりと成長促進をしてくれる企業】**といった印象を面接の段階で学生一人ひとりが持ってくれることは志望度アップにつながり、また、このような心構えはメンバーの謙虚なマインドを育む上でも大切です。

二つ目の心構えは、**その学生が弊社に入社して【幸せになれるか】**を真剣に考えることです。弊社にはお客さまを**【自分の親友や兄弟と考えて行動する】**というオキテがありますので、一人ひとりの学生も親友や兄弟と考え、アドバイスするようにしています。極端な話、弊社が採用したいと思う学生でも、他社へ入社した方が幸せになると感じる場合には、その会社への入社を勧めるようにしています。例えば、英語能力を発揮できる仕事を本人が望んでいる場合、弊社では今のところあまり英語力を発揮できるシーンはないので、学生の将来を第一にその旨をきちんと伝え、会社都合の言い逃れは決してしないように努めています。**ベストといえる採用をするためには、メンバー全員が真剣に学生に向き合うという姿勢が不可欠**ですので、このような心構えはとても大切です。

三つ目の心構えは、パワハラのような行動や社会のルールを無視した採用活動は絶対にしないことです。なんらかのテクニックを使って、うまく採用ができたとしても、そこで失うマインドこそが一番大きな損失だと考えています。**【ウチの会社はどんな時も絶対にぶれない】**とメンバーが信じられることを弊社では大事にしています。一貫したマインドは、メンバーのロイヤリティーを上げ、日々の些細な行動にも大きく反映されます。

選考の方法

ここからは実際の選考についてお伝えしましょう。現在、弊社における内定までの選考回数は4回となっています。会社説明会に参加する学生全員が選考を希望してしまうと会社がパンクしてしまうので、説明会においても弊社の個性を明確に打ち出し、価値観が合わないと感じた学生が選考を希望しないようにしています。この方針は選考においても同様です。きれいごとだけを並べるのではなく、説明会から選考まで一貫して弊社の価値観を伝え続けています。

選考の方法を考える際は、事前に各選考の目的を決めておきます。一次選考と二次選考は、**内定候補となる学生を探すのではなく、会社の風土に合わない学生を探すのが目的**です。あまりよくない言い方ではありますが、ふるいにかけるのです。その後の三次選考では、学生の能力と将来性を見抜きます。中途採用は即戦力となる人財を探すのに対し、新卒採用は将来性第一で考えています。

それぞれの選考の中には、【学生の志望度を上げる】という仕掛けもかなりの割合で盛り込んでいます。選考を受ける度に、【この会社に入りたい】という気持ちが強くなるように仕掛けていくことが大切です。

そして、最終選考の目的はズバリ【**納得**】です。最終選考に残る学生は、他企業からの内定も出ているケースが非常に多いので、【学生にプライド・トゥー・ビーに入社するしかないと納得してもらうこと】を主な目的にしています。

一次選考：自社の社風に合わない生徒を明確にする

選考の内容は毎年変わりますが、ここでは昨年の例をお伝えします。まずは一次選考。【**仲間を褒める・指摘する**】というグループワークからスタートします。この段階では、まだ弊社の価値観に合わない学生もたくさん参加していますので、自社の価値観を伝え、その価値観をビンビン感じてもらいながら、消極性や感じの悪さ、そして指摘耐性の弱さの学生を判断します。例えば、指摘一つを行なうにも、相手の気分を害する指摘の仕方もあれば、逆に相手に感謝される指摘の仕方もあります。また、指摘されることに慣れておらず、怒りや動揺が表情にすぐ出てしまう学生もいれば、本当に感じよく指摘を受けとめる学生もいます。この段階で、他者からの指摘にうまく対応できない学生は選考から外れることになります。

二つ目の選考は、**【一発ギャグ】**です。この内容も年により変わり、モノボケになったりモノマネになったりもします。当然、学生はビックリしますが、それが狙いです。ただし、面白いかどうかを判断するわけではなく、無茶振りに対し、**【腹をくくり思い切ってやりきれるか】**を判断します。なぜなら、サービス業では、お客さまのさまざまな要求に対して笑顔で応えなければいけないからです。またチームワークを大切にしていく上でも、**【求められれば腹をくくり思い切ってやりきる】**、こういった人間性はとても大切です。

ちなみにこうした選考の前には必ず弊社のメンバーが見本を見せます。誰が見本を見せるかは弊社のメンバー自身も事前に知らされていませんので、選考に参加しているメンバーは毎回緊張感と隣り合わせです。選考メンバー一人ひとりが緊張感を持って取り組み、アドリブにも果敢に挑む姿を弊社では学生に見てもらい、志望度を上げる施策としています。ちなみにわたしは、昨年フナッシーのモノマネをやらされました（笑）。

三つ目の選考は**【性格診断】**です。この性格診断は、創業以来続けていますので、現在在籍しているメンバーも、退職したメンバーもすべて自身の数値を把握しています。つまり弊社が求める人財像はすべて数値化されており、この数字が合わない学生は、選考での評価がどれだけ高くても採用はしないと決めています。特に重視しているのは、以下の数値です。

・**協調性・好感表現力・対人調和力**：これらのチームワークを取ることに適した性格をまとめて**【三大適正】**と呼んでいます。

・**行動性・競争性・野心性・決断性**：この四つの合計を【エネルギー量】と呼んでいます。入社三年以内に離職するメンバーは、この数値がある一定より低い傾向が弊社では強いです。

・**私生活重視指数**：仕事を重視するか、プライベートを重視するかを見る指数です。エネルギー量と同じく、この数字がある一定より低く、プライベートを重視する傾向のあるメンバーに3年以内の離職が集中しています。

・**人付き合いへのストレス耐性**：常にチームで行動することが多いサービス業においては、他人と一緒にいることでのストレス耐性が高い人財が適応しやすく、離職率も低い傾向があります。

四つ目の選考は、**【チームで取り組むダンス】**です。学生を10名前後のグループに分け、チームでダンスを覚えてもらいます。チームワークを乱していないか、すぐにあきらめないか、楽しめているかなどを判断していきますので、ダンスを上手にできるかどうかは関係ありません。

何でもやらせてください!!!
ワクワクします!!
もっとちょうだい!
Let'チャレンジ
This is B to B
ボクは1人でカブトムシ捕りに行ってきます!
This is not BtoB

もちろん最後には、弊社のメンバーによる一体感のある模範ダンスを披露し、チームワークの良さや一体感を学生に感じてもらいます。

選考内容ではありませんが、もう一つ大切にしていることがあります。それは、一つの選考プログラムが終わるたびに、**【ここはとても良かった】**、**【ここは変えたほうが良い】**といった具体的な話をして、学生にフィードバックを返すことです。これまでもお伝えしてきましたが、ファンづくりという側面ももちろんありますが、成長意欲の高い学生ほど、このようなアドバイスをすることが志望度のアップにつながります。

二次選考：将来性を見抜く

一次選考と同様に二次選考も集団選考となります。二次選考の主な目的は**【将来性を見抜くこと】**です。二次選考の特徴は、クイズ形式で選考を行なう点です。

まず学生にA4サイズのホワイトボードを配ります。司会役を務める採用メンバーがさまざまな問いかけを行ない、学生にはクイズ番組の回答者のように一斉に答えてもらいます。このやり方で選考を行なうメリットとして、順番による有利不利がなくなります。また挙手制で回答順を決め、採用メンバーが当てていくことで、積極性のある学生だけが得をするといったことがなく、一人ひとりの考え抜く力をじっくりと観察し分析することができます。

クイズでは、最初に**【今日のために準備したことを書いてください】**という問いかけをします。それから**【弊社の面白い制度を思いつく限り書いてください】**と問いかけます。この二つの問いかけにより見抜くことができるのは、学生の真剣度と努力を怠らない姿勢です。

さらに問いかけは、**【弊社以外で印象に残った他社の選考を書いてください】**と続きます。学生には答えとともにその理由を端的に説明してもらいます。この問いかけで見抜くことができるのは考えを簡潔にまとめる力と伝える力です。また、他社の選考内容の調査もできるので、自社の選考を改善する上でも役に立ちます。

続けて**【弊社の企業理念とオキテを書いてください】**という問いかけをします。会社説明会において企業理念とオキテを大切にしている会社であることは学生にすでに伝えているので、ここでは聞く力や重点を射抜く力、そして何より真剣度を図ります。また、ここで再度、企業理念とオキテに触れることで、弊社が最も大事にしている価値観を改めて学生に伝えることができます。この段階で企業理念とオキテをすべて答えられる学生はさほどいませんが、いくつ答えることができたのかはしっかりと記録しておきます。

こうした集団選考のほかに必ず毎年実施しているのが知力テストです。職種別に合格点は異なりますが、合否を判断する上でとても大切にしています。サービス業では、勉強の得意不得意より、機転が利くかどうかといった頭の回転こそが要となるので、ここで行なうテストは、学力測定ではなく、知能指数に重点を置き、頭の回転を判断する内容となっています。

ここまでが2020年度の二次選考の大まかな内容です。説明会や一次選考と比べるとサプライズな要素は少なく感じますが、メリハリも大切ですので、二次選考ではあえてサプライズ要素は控えめにしています。

二次選考の後は、志望度を上げるために、三次選考に進む学生全員に弊社メンバーより選抜されたメンターを紹介しています。**選ばれたメンターは担当となった学生に寄り添い、さまざまな想いや悩みを聞き、これからの選考に向けてアドバイスをしていきます。**「なぜ採用前の学生にメンターを付けるのか」と違和感を覚える方もいらっしゃるかもしれませんが、これこそが内定辞退を未然に防ぎ、内定承諾をもらうための重要な施策となっています。親身になって学生の将来や就職活動の不安や悩みを聞き、なおかつ内定に向けて共に努力してくれるメンターは、まさに仲間を家族や親友のように想って行動する弊社の企業文化を体現する鏡のような存在。そうしたメンターとの関係を構築することにより、学生たちは弊社への志望度をより高めていくこととなります。

ちなみに、一次選考も二次選考も、合格率は40％弱です。つまり、二次選考終了時には、選考に参加した学生が約15％に絞られることになります。

三次選考：カルチャーフィットとスキルフィットを見抜く

三次選考ではカルチャーフィットとスキルフィットを見抜く個人面接からスタートします。面接は2部構成で、2名のメンバーが進行します。カルチャーフィットを見抜く前半では、弊社の企業文化に合うかどうかを、スキルフィットを見抜く後半では、それぞれの職種に合わせ、大きく成長を遂げられるポテンシャルがあるかどうかを判断していきます。

まずはカルチャーフィットを見抜く面接から。ここではいくつか質問をしますが、その代表的な質問の一つが**【仕事において「楽しい」を味わうことを優先したいか、「うれしい」を味わうことを優先したいか】です。一概には言えないかもしれませんが、楽しいと答える学生は【過程】を優先し、うれしいと答える学生は【結果】を優先する傾向が強い**と考えています。弊社は楽しいことを優先している企業と思われがちですが、結果を残さなければ継続して楽しく働くことはできません。また、これまで、この質問に「うれしい」と答える人財のほうが、弊社においては大きな成長を遂げています。つまり、この質問では、「うれしい」と答える学生の評価が高くなります。また、企業理念と10のオキテの内容についても必ず質問します。この二つは、会社説明会でも一次面接でも二次面接でも、弊社にとってとても大切なものであることを伝えているので、弊社に真剣に入社を考えている学生には、すべて内容を記憶するくらいのガッツを求めています。

【三次面接「カルチャーフィット」を確認するための主な内容（45分）】

①理想のリーダー像は？

ブライド・トゥー・ビーの社風に合っているかどうか。

②仕事を通じて。楽しい派？うれしい派？

価値観を知る。

③企業理念と10のオキテ

ブライド・トゥー・ビーに対する真剣度を知る。

④サービス業への覚悟はあるか

本人及び家族のサービス業に対する理解度を確認。

⑤内定が出たらどうする？　内定は何社あるのか？

志望順位の確認。

⑥即興・朝のあいさつ

真剣にバカになれるか。やり切れるか。状況を楽しめるか。

⑦現時点での不安点はあるか

弊社が解決できる不安なのか。

⑧現段階での改善点をしっかりと伝える

次の選考への導き・口説き。

このような質問を続けていき、最終的に2名の面接担当が◯△×の評価をします。「◎はないのか？」という疑問を持たれる方もいらっしゃるかもしれませんが、4段階評価にすると◯や△が増えてしまいます。**はっきりと判断するためにも、評価は3段階**にしています。

次はスキルフィットを見抜く面接ですが、この面接に入る前に、二つの筆記レポートを実施しています。**一つは挫折レポート、もう一つはおもてなしレポート**です。前者は【これまでの人生における一番の挫折とそれをどのように乗り越えたのか】をレポートしてもらいます。このレポートによって、これまでの人生において、どれくらいのチャレンジをしてきたのか、それによって何を得たのかなど、困難に立ち向かう際の姿勢や考え方、継続的に頑張ることができるかを判断します。

後者は、【＊＊さんがあなたの実家に来ることになりました。どんなもてなしをしますか？】というレポートです。この＊＊さんはその年によって変わりますが、著名人だったり、誰もが知っているスポーツ選手だったりと、全員がイメージしやすい人を選びます。

このレポートを作成する際は、検索サイトを利用しても友だちに電話しても構いません。どのような方法を使っても良いので、とにかく時間内に、素晴らしいもてなしを企画し、レポートで提出することが課題です。**このレポートによって、サービス業に必須となる頭の回転や情報収集力、発想力などを判断できます。**ここで作成されたレポートは、その後のスキルフィットの面接でも活用します。

ちなみにスキルフィットの面接では、次のような内容について話します。

【三次面接「スキルフィット」を確認するための主な内容（45分）】

①これまでの人生で一番の挫折をどう乗り越えたか。（挫折レポートの内容をもとに）

壁にぶち当たったとき、乗り越える強さがあるか。どの程度のことを挫折と考えるか。

②座右の銘は？

座右の銘に選んだ理由がポジティブな理由なのか、ネガティブな理由なのか。

③家族以外の尊敬する人は？

尊敬と考えるポイントが弊社向きか？

④（説明カタログを渡して）この商品を端的に説明してください。

情報収集力やプレゼン力（伝える力）を見る。

⑤将来のビジョンについて。（1年後・5年後・10年後）

未来へのビジョンがあるか。整理してそれを説明できるか。弊社でそれが実現できるか。

⑥現時点での不安点はあるか。

弊社が解決できる不安なのか。

⑦現段階での改善点をしっかりと伝える。

次の選考への導き・口説き。

三次選考の合否は、採用メンバー4名によって合議し、合格者は私が担当する最終選考に進みます。ただし、三次選考終了時点で、合格でもよいが今ひとつ見抜けなかったと感じた場合や、合格を出すのに若干の不安を感じる場合には、現場での職場体験や個別面談などを必ず入れるようにし、それから最終選考へと進むことになります。

採用したい学生かどうかをしっかりと見抜く。また、採用したいと考える学生には、心から納得してもらう。早く選考を進めるだけが良いことではありません。ここで焦ってしまうと、ミスマッチによる早期離職や内定辞退につながってしまいます。仮に、他社の選考を受けると言われた場合でも、その選考を応援するくらいの気構えが必要です。**スピード勝負に持ち込むのではなく、学生にどこまでも寄り添い、お互いのためにしっかりと時間をかけていくこと。**その根底にあるのは、家族や親友と同じく、学生の人生について想う気持ちです。就活終われハラスメント、いわゆるオワハラのような行為は、お互いにとって何も得にならないと考えます。

最終選考、内定承諾や内定辞退の防止について

最終選考を誰が担当するか。これは会社の規模によっても異なってくると思いますが、弊社では、すべて代表であるわたしが行なっています。三次選考やその後の職場体験などで【見抜き】は終わっているので、**最終選考では、お互いに【納得】**することに重きを置きます。

最終選考面接では、これまでの選考資料を読みながら、わたしが関心を持ったことを学生にどんどん聞いていきます。これまでの過程において大切なことを見落としていないか、選考の評価に矛盾はないかなどを再確認しながら、【この学生を絶対に採用したい】と納得するまで質問を続けていきます。逆に、学生からの質問も尽きるまでどんどん受け付け、わたしは、弊社の情熱と将来へのビジョンが伝わるように、ありのままを答えていきます。最終選考を担当するには、情熱を持って会社のビジョンや夢、そしてロマンを語れる人財でなければなりません。

こうした質問のやりとりを通じ、面接する側が最も意識しなければならないのは、**学生一人ひとりの人生を真剣に考え、弊社に入社することがその学生の幸せにつながるのかを、学生と一緒になって、あらゆる角度から確認し合うことだと思います**。最終面接が終わった瞬間、内定が出たら、**【必ずこの会社にしよう】**というスイッチが入る。それが最終選考のゴールだと思います。

内定を出す場合は、最終選考の直後、可能な限りその場で出すようにしています。面接場所は弊社の結婚式場となるので、**【学生の感動をピークに持っていく】**ため、会場にいる全員で**【内定サプライズ】**を行ないます。全メンバー人事部という方針で採用活動を行なっている弊社において、新しい仲間を迎える内定サプライズは、メンバーの達成感を満たす上でもとても大切な行事です。会場見学後、ラストにメンバーが歌い踊り、「内定おめでとう!」と、採用が決まった学生たちに対して、皆で心から祝福します。すると大体、多くの学生はそこで大泣きし、それを見た若手メンバーも同じ立場だった頃の自分を思い出し、もらい泣きします。

とはいえ、常に学生の立場を第一に考え、内定を出してからも内定承諾の期限は伝えないことにしています。急いで結論を出すように学生をせかした結果、その学生が内定承諾後に辞退となるのは、互いにとってハッピーではありません。また、企業側の都合を優先するようなマインドは、現存メンバーにも悪影響を与えます。

内定を承諾すべきかをもし学生が悩むようであれば、相談できるメンバーを紹介し、一緒に考えるようにしています。時に一緒に飲みに行くことも。常に学生の気持ちで物事を考え、一人ひとりの学生にとって何が大切かを第一に行動し、全メンバーが一丸となって採用に向き合っていく。そんな企業文化が構築できれば、大企業でなくても強い採用を実現することは可能です。

手前味噌になりますが、弊社では、採用予算を1円も増やすことなく、昨年度のエントリー数は前年対比140%となっており、選考参加は150%を超えています。これは、弊社の採用メンバーの努力と全メンバーが一丸となって採用にあたっている結果と受け止めています。少しでも皆さまの採用の一助となれば、この上ない喜びです。

新卒採用の最後の仕上げは親御さまへの挨拶

こうした過程を経て、無事に入社する新メンバーが決まると、弊社では**【親御さま挨拶】**を実施します。これは文字通り、入社するメンバーの親御さまに挨拶をする施策です。2014年から取り組みはじめ、現在も続けています。挨拶に行くのは代表であるわたしです。

場所は親御さまのお住まいの街、つまり日本全国。ご自宅にお伺いすることもあれば、ご自宅近くのホテルやカフェでお会いすることもあります。ご両親お揃いの時もあれば、お母さまだけの時、お父さまだけの時もあります。その場には入社する新メンバーも同席してもらいます。

この挨拶をはじめた目的は二つあります。一つは**親御さまに安心していただくため**です。弊社は、名古屋市に本社を構えていますが、名古屋に縁もゆかりもない方の入社が多いのが現状です。また、キッチンやパティシエなどの職種は専門学校の卒業生を採用することが多く、内定が決まった時点で未成年の学生も多々います。大切に育ててきた子を預ける側の親御さまからすると、「子どもが入社するのは縁もゆかりもない土地である名古屋。名古屋といっても、トヨタ自動車のような大企業ではなく、中小企業で社長も若いらしい。大丈夫だろうか？」と思われて当然です。

こうした不安を解消し、安心していただくには、まだまだ未熟者ではありますが、代表であるわたしが直接親御さまにお会いして、会社の現状説明や経営に対する熱い想いを伝えることが一番であると実感しています。

二つ目の目的は、**【人財育成への協力のお願い】**を親御さまへ伝えるためです。弊社では、コーチ・メンター制度をはじめ、新入社員の人間育成に特化したさまざまな施策を実施していますが、その主たる目的は、**潰れないようにサポートをしつつも、一人ひとりがたくさんの壁にぶつかり、それを乗り越える経験を積み重ねてもらう**ことです。壁にぶつからず、挫折のない時間を過ごすのではなく、若いうちに何度も何度も壁にぶつかり、時に凹み、それでもふんばったり、試行錯誤を繰り返したりしつつ、再度奮起しては最終的に壁を乗り越える癖をつけさせる育成方針であることを伝えます。そして、そのような話の後に、親御様へ次のようなお願いをしています。**「わたしたちが、しっかりサポートしていくので、どうか甘い言葉はかけずに叱咤激励してください。**近い将来、たくましくなったなと思える日を楽しみにしていてください。もし会社としておかしなことがあれば、私に直接電話でもメールでもしてください」

数年後、こうした新卒メンバーの中から結婚する人が現れ、結婚式の場で親御さまと再会した際、**「娘は人として本当に成長しました。本当に御社に入社して良かったです」**といった言葉を掛けられたり、スピーチをされたりすると、わたし自身もついうるっときてしまい、メンバーからは**「うちの社長は涙もろい」**と関係先にバラされてしまうこともしばしばです。それでも本当にこうしたメンバーの結婚式というのは、泣けるものですし、何度体験しても感極まります。

弊社では「当たり前のことを、バカにせず、バカになって、ちゃんとやる」という考え方を徹底的に教え、技術よりも人間としての基本を大事にする人間育成を行なっています。その結果、一年目であっても、社外に出た時に受ける外部からの評価は非常に高いものがあります。具体的な例を挙げるなら、社外での研修を終えた翌日、研修先から私に1通のメールが届いたことがありました。その内容は、「御社の新入社員は毎年素晴らしい。特に挨拶が群を抜いている。それから今年は研修の前に『研修の準備で何かお手伝いすることはありますでしょうか?』と言ってこられました。全国でもこのような話は聞いたことがない」というものでした。わたしは非常に誇らしく思いました。

学校ではなく会社なのだから、会社の代表が親御さまにわざわざ会いにいくのは違うのでは?と考える方もいらっしゃるかもしれません。しかし、社会人になったとしても、新入社員はまだまだ未熟であることが多く、親御さまにいろいろと相談されることも多いのが現状です。だからこそ、親御さまにも協力してもらいつつ、壁をいくつも乗り越えてたくましい大人に成長してもらう。それを実現することこそ人財育成の根幹であり、その壁を越えてこそはじめて新入社員は「成人した」といえるとわたしは思います。

Harray!!
Mom!

第七章
やりがい第一！
働き方改革

働き方改革よりやりがい改革を

厚生労働省発表の【働き方改革の全体像】を確認すると、**【働く方々が、個々の事情に応じた多様で柔軟な働き方を、自分で選択できるようにするための改革】**とあります。また、中小企業や小規模事業者の働き方改革として、**【魅力ある職場づくり】→【人財の確保】→【業績の向上】→【利益増】の好循環をつくる**とも記されています。

わたし自身もこの考え方には基本的に賛同していますが、最近の流れを見ていると、ある疑問に直面します。それは【長時間労働をなくす】ということばかりが【働き方改革】と評される風潮です。講演やセミナーに招聘された際、司会者の方が「働き方改革にいち早く取り組まれた……」と弊社について紹介してくださることがあるのですが、わたし自身は、実はそのように感じたことはただの一度もありません。確かに有給取得やフレックスタイムの拡充は、だいぶ前からしっかりと取り組んできましたが、弊社が行なってきたのは、単に長時間労働をなくそうとする【働き方改革】ではなく、**【やりがい改革】**です。先日も弊社のリーダーに、「国が定めたルールを守りつつも、働き方改革ではなく、**【やりがい改革】**を進めていこう」と伝えたばかりです。

では、なぜ長時間労働の是正をメインに考えるだけではいけないのでしょう。

例えば、**昨今の飲食店では、魚をさばいた状態で仕入れることが増加**しています。このままいくと、何年も一流と呼ばれるホテルや式場に勤めているにも関わらず、魚一つもさばけない料理人だらけになってしまいます。年末やゴールデンウィークなど、繁忙期に一時的にそういったサービスを利用するのは良いでしょう。しかしながら、労働時間短縮のために、日常的にさばかれた魚を仕入れ、フォンド・ヴォーは既製品を使い、調理済みの食材をがんがん使うような職場では、料理人としてのやりがいは、どんどん失われていくことになるでしょう。

働き方改革において、わたしたちが最も考えなければならないのは、労働時間以上にメンバーのやりがいです。本来やるべきことは、一人ひとりの魚をさばく時間を計測し、日々の業務スピードを記録し、見える化すること。シェフや先輩とのスピードや仕上がりの差を自分自身で自覚できれば、目標時間を定めることができ、意識的にスピードを上げていくことが可能です。

なおかつ、チームとしてのスピードアップを図るなら、若いメンバーに押し付けられがちな雑用を仕事の早い先輩が率先して担当する。もしくはパートさんにサポートを依頼する。このような発想も必要です。こうすることで若手が伸び、キッチン全体の仕事のスピードとクオリティーも格段に上がることになります。

しかしながら、対プランナーでも同じ施策が取れるかといえば、まったく事情は変わってきます。例えば、事務作業が遅いプランナーのサポートをパートさんに依頼することはできません。

なぜならばプランナーにとっての事務作業は、料理人でいう【魚をさばくこと】と同じだからです。このような最も基礎的な仕事をできないからと、パートさんに託してしまうと、そのプランナーは何年経っても事務作業が遅いままです。ここでやるべきことは、それぞれの事務作業にかけている時間を細かく計測し、目標時間内でできるようになるまで何度も反復することです。自分の仕事のスピードが遅いうちに、誰かの雑用サポートに回ったり、パートさんを頼ったりすることはできません。こうした逆転の発想こそ、働き方改革には必要です。

働き方改革を促進するために国が定めた基準を守りつつも、こうした【やりがい改革】を進めていかないと、【魅力ある職場づくり】や【人財の確保】がままならなくなり、結果的に業績悪化や利益減となってしまいます。

まずは、メンバーの成長を第一に考え、今までのトレーニング方法を改革する。さらに「雑用は、若いメンバーがやるべき仕事」という固定概念を捨て、チーム全体の底上げに取り組む。**メンバーにとって【楽になる】ことをするのではなく【ためになる】ことをする姿勢が大切です。**

産休育休制度、そして復帰後の働き方

冒頭から自慢のようになってしまいますが、弊社は**7年連続、産休や育休の取得率や復帰率**

100%を維持しています。弊社では、出産予定のあるメンバーが産休取得を希望し、産休そして育休を経て全員復帰しています。この話をすると、「よほど制度が整っているのですね」と言われることが多々ありますが、**実のところ弊社には、産休や育休に関する特別な制度は一つもありません。**むしろ労働基準法通りの内容といっても良いでしょう。**産休育休制度を考える上で最も大切なのは、復帰後の働き方についての制度**だとわたしは考えています。制度をいくら整備したところで、産休や育休が劇的に増えるわけではなく、ましてや100%の取得率はかないません。わたしは産休取得を増やすには、三条件あると考えています。

最初の条件は、該当するメンバー自身が**「純粋に会社を好きでいること」**です。一見すると、結婚や出産という理由での退職はとてもきれいな辞め方ですが、少しうがった見方をするなら、つなぎとめられるだけの魅力が会社にないともいえます。

中でも典型ともいえる退職理由が、「仕事と家庭の両立は難しく、夫も家庭に入って欲しいと言っているので辞めます」というもの。これを「両立は難しいけれど頑張りたい。夫は家庭に入って欲しいと言ってますが、話し合って説得してみます」と当人の口から発せられるほど、会社やその仕事を純粋に好きでいてもらえることは、離職を防ぎ、産休取得を増やす一番のポイントです。事実、弊社メンバーに聞くと、「会社が好きでなかったら、『結婚を機に辞められる。ラッキー』

と思っていたかも」と言及していました。

二つ目の条件は、**「仕事で大きなやりがいを感じている」**ことです。**やりがいとは、「やりたいことをやれている」、「自分の成長を感じられる」、「自分の仕事に誇りを持っている」、「自分のことを仲間が必要としてくれているのを実感する」といったポジティブな感情です**。会社のことが好きで、なおかつ仕事において大きなやりがいを感じていれば、自然と産休育休を取得し、復帰することを希望するようになります。弊社で行なった2019年8月の最新調査では、100%のメンバーが【会社を好き、もしくは大好き】、【やりたいことをやれている】と回答。また、90%弱のメンバーが【成長を感じている】、【褒められている】と答えました。

この二つの条件をクリアすることで、メンバーは**「会社を離れないほうが自分の人生はもっと豊かになる」**と感じるようになります。逆に、この条件をクリアできないまま、制度だけ充実させると、かえってメンバーを追い詰める結果となり、結婚や出産する前に退職をするという事態も招きかねません。遠回りにはなりますが、制度ではなく、会社の中身そのものを見つめることが、この課題に対する答えの本質だと思います。

そして最後、三つ目の条件は、**【復帰後の制度や環境の整備】**です。

まずは制度について。復帰率をとことん上げる制度とはどのようなものか。この問いに対し、わたしの答えは一つしかありません。それは**【一人ひとりに合わせた働き方を認める制度】**です。具体的には【家庭と仕事の両立のために、自由な勤務時間・勤務日数を決めることができる】ことを会社が認めることを指します。

自由に勤務時間と勤務日数を決められるホーミー制度

弊社ではこれを**【ホーミー制度】**と呼び、ホーミー制度を利用中のメンバーはホーミーメンバーと言われています。ちなみにホーミーとは英語で**【HOMEY】**、**【家庭的な】**という意味を持つ言葉です。仕事と家庭の両立を支える制度ですので、遊びに使うのは禁じています。また、この制度は育児だけでなく、親の介護や配偶者の入院などでも利用でき、その期間もさまざまです。

このホーミー制度の最大の特徴は、**【一人ひとりと十分話し合いながら、臨機応変に働き方を決める】**ということに尽きます。数日前も4人目の子どもを産んだメンバーと復帰の話し合いをしました。4人の育児をしながら、仕事に復帰する大変さはわたしの想像を超えていますので、現状の生活をゆっくり聞いた上で、本人の希望を聞き、提案をしていきます。ちなみに、そのメンバーには、「まずは1ヵ月やってみよう。慣れてきて、もっといけたら伸ばしていこう。難しかったら減らせばいい。まだまだ人生長いからゆっくりいこう」と伝えました。

ここで考慮しなければならないのは、**それぞれの家庭には、他人にははかり知ることのできない、それぞれの家庭環境や状況があるということ**です。一般的にはどんなに良いと思える条件であっても、本人の家庭環境や状況にマッチしなければ何の意味もありません。だからこそ、ホーミー制度ではあえて細かいことを決めず、一人ひとりに合わせた働き方を認めるようにしています。ちなみに給与は定時勤務を100%として、働いた時間で応分しています。ほかのメンバーと同じように定時勤務をしていれば、給与は満額です。定時の90%働いていれば、給与も90%となり、また、各種の手当も同じように換算しています。

次に整えるべき環境についてです。それは、**全メンバーがホーミーメンバーを心から応援し、感謝するという環境**です。わたしは**【仲間の家庭を仲間で支える】**というハートをメンバーに伝え続け、そしてそれを企業文化にしていくことが大切と考えます。誰かを支えたら、自分の時も必ず支えてもらえる。だから、仲間を支えることも、仲間に支えられることも当たり前というマインドが弊社では浸透しています。それにより、産休明けで復帰したメンバーが周りに変に気を遣ったり、遠慮したりしなければならないといったことがなくなります。

仕事をフルパワーで頑張ることができなくなるのは何も育児だけではありません。家族や身内の不幸で休まなければいけないときもあれば、両親の介護が必要になるときもあります。**両立が難**

しくなることは、いつでも誰にでも起こりうることであると伝え、もし仲間に何か起こったらメンバー全員で支えていく会社であることをリーダーが伝え続けていくことが大切です。そして、このホーミー制度が一部のメンバーのためだけでなく、全員の幸せのために存在していることをメンバーが理解できれば、自然とホーミーメンバーを心から応援するという環境が整い、ホーミーメンバーも、仲間への感謝を忘れずに生き生きと働き続けることができます。そして、その姿を見ている若いメンバーが「私も結婚して子どもができても絶対にここで働き続けたい」という気持ちになり、最終的には復帰が当たり前の企業文化が出来上がっていきます。

産休育休制度を考える際は、制度の中身を考えるより、もっと本質的な会社の課題に向き合ってみることが大切です。

長期インターンシップの受け入れ

インターンシップの受け入れは企業活動ではなく、教育の一環を担っているという認識を企業が持つことが重要と考えています。専門学校の学費は決して安くなく、奨学金を借りて専門学校に通っている学生もたくさんいます。また、未成年の学生も大勢います。そのような学生をインターンシップで受け入れるということは、学校教育に携わっているといって過言ではありません。昨今では、新卒採用における学生の囲い込み手段として、インターンシップを考える企業も中にはありますが、わたしはそれには反対です。学生が自社に入社したくなるようにとか、学生にSNSで変な悪口を書かれないようにとか、さらには学生に嫌われないようにするなどといったことを考えるのは、人間教育を軸としてインターンシップを考えたとき、本質的ではなく、不毛だからです。

インターンシップを実施する上で、弊社が大切にしていることは五つあります。

まず、一つ目は、**受け入れの人数制限をしっかりと行なうこと**です。現状の現場の状況を確認し、一人ひとりの学生と向き合い、しっかりと指導できる人数に受け入れを絞ります。時々、学校側からもっと受け入れてほしいといった要望を受け取りますが、きちんと一人ひとりと向き合える人数でないと意味がありません。

二つ目は、**インターンシップで来る学生に教育係として、マンツーマンでメンバーをつけることです**。あいさつや身だしなみなど、社会人としての常識はもちろんのこと、仕事の考え方や進め方まで、責任をもって指導するようにしています。教育係は入社2年目から3年目のメンバーが担当します。そうすることで、彼らにとっても、これまで学んできたことをアウトプットする良い機会となり、彼ら自身の成長にもつながります。

三つ目は、**インターンシップ学生の目標をしっかりと設定すること**です。具体的には、インターンシップ終了時までにクリアすべき目標を弊社と学生で決めています。例えばキッチンにインターンシップできた学生なら、「まかないを一品作れるようになる」、「オムレツがつくれるようになる」といった目標設定を本人の意思も尊重しながら行ない、達成できれば仲間全員でお祝いするようにしています。ただ単に業務についていくというだけでは、飛躍的な成長を遂げることはできません。良い目標設定を行い、それを期間内にクリアする。まさに、仕事の醍醐味を味わってもらいます。

四つ目は、**当たり前のトレーニングを徹底**することです。例えば、インターンシップのスタート時点では、残念なことにほとんどの学生が相手の目をしっかりと見て、元気よくあいさつすることができません。弊社では、あいさつがしっかりとできるまで業務には入れないようにしています。だからこそ、メンバーと同じようにあいさつができるまで、学生に徹底して教えるようにします。**当たり前のことを、バカにせず、バカになって、ちゃんとやる。**この大切さを学生が理解すればインターンシップは成功と言っても過言ではないでしょう。あとになって、「あのときに教えてもらって良かった」と思ってもらえるような指導を心掛けています。

五つ目は、**カッコイイ姿を見せること**です。これは一般的な仕事におけるカッコイイ姿だけではなく、「元気にあいさつできる大人はカッコイイ」とか、「ここまで仲間を大切にする大人はカッコイイ」など、幅広い意味でのカッコイイです。そうしたカッコイイ大人たちに囲まれていれば、自然と態度や言動も変わるものです。インターンシップ後に、学校の先生から「人が変わったみたいです」といった報告を受けると、学生の成長を実感できるので、私自身、一番の喜びとなっています。

長期のインターンシップに来た学生が自社を志望するかどうかは、一つの結果に過ぎません。企業がインターンシップを受け入れる上で一番やらなくてはならないのは、学生のためになることを一番に考え、責任をもってその学生を成長させるという覚悟を持つことだと思います。

その覚悟さえあれば、インターンシップを経験する多くの学生たちが、きっと自社への入社を希望してくれるようになるのではないでしょうか。

ママかっこいいー
ママガンバレー
ママ大好き♡

BTB member
今日は○○さんのお誕生日!
10:00
メンバーよりムービーです!
おめでとう!!
10:10
10:10
おめでとうございます
11:00
おめでとー♡
11:03
11:15
おめでとうございます!
11:15
ゆ
ONE TEAM!!

第八章
チームワーク形成と社内コミュニケーション

年9回実施の社内イベント

弊社ではチームワークを高めることを目的として、社内イベントを年9回行なっています。弊社は9月決算ですので、全員の想いを一つにするために1年のスタートとなる10月にキックオフミーティングを開催します。

そのキックオフミーティングを皮切りに、11月は関連会社の方も参加可能なＢＢＱ、1月は初詣と書き初めと餅つき大会に始まり、２００名近くの参加者で行なう大新年会があります。2月には社会貢献デーと称して、丸一日かけて全メンバーで社会貢献活動を実施。4月はハーフタイム&入社式、5月には関連会社の方も参加ＯＫの運動会。9月には街頭掃除デーと称して全メンバーで街中を一日かけて掃除しています。

これらの社内イベントは、すべて**出勤日扱い**にしています。そうすることで、妙な雑音がなくなり、全員がイベントに対して真剣に取り組むようになります。せっかくの社内イベントですから、気持ちをしっかりとイベントに向け、集中できる環境を整えています。チームワークの向上を第一優先にしたいという経営者の気持ちを伝えるためにも、社内イベントを行なう日を出勤日扱いにするのです。

Ohashi Midori

チームの結束を固めるキックオフミーティング

キックオフミーティングの目的は、過去も未来も含めて、**年度の初めに会社の現状や展望を全員で共有し、一致団結すること**です。

まずは全員参加の朝礼からスタート。大きな声を出しながら新年度にふさわしいユニークな内容の朝礼を行ない、気分を高めます。この朝礼を担当するメンバーはハンズアップで決めます。

次は社長である私からの60分トークです。経営方針の確認を最初に盛り込みますが、新たな経営方針がある場合もここで発表します。

メンバーとの経営方針の共有はとても大切です。なぜならば事業展開も営業施策もすべてがこの経営方針の上に成り立っているからです。ちなみにわたしはこの経営方針を社内メールの署名にも入れています。したがって、わたしからメールが届く際、メンバーは必ず経営方針を目にすることとなります。**大切なことは何度も繰り返して伝える**というのがわたしの信条です。「耳にタコができる」と思われるくらいで正解と思っています。

経営方針の確認が終わったら、次に話す内容は昨年の振り返りです。目標達成できた施策はもちろん、残念ながら目標に至らなかった施策もしっかりと伝えます。良かった結果も悪かった結果も、達成した目標も達成できなかった目標もすべて洗いざらい包み隠さず伝えます。反省すべきことがあれば、それも具体的に詳しく伝えます。メンバーとの信頼を構築するためには、経営者が覚悟を持って、時に話しにくいという内容であってもオープンに話すことが大切です。

ここからは年により順番が変わりますが、毎年必ず行なっていることがいくつかあります。一つは従業員満足度調査の結果報告です。満足度が上がった点、逆に下がった点、課題などを一切隠すことなく伝えていきます。弊社は年々メンバーも増えているので、上がる数字もあれば下がる数字もあります。経営者として現状から目を逸らさない姿勢をメンバーに見せます。

二つ目はお客さま満足度調査の結果報告です。このような全社ミーティングでは売り上げや業績などの話に終始してしまいがちですが、経営者がお客さまを軽視していない姿勢を示すことは、常に現場に立ってお客さまと接しているメンバーにとっても安心材料となります。

三つ目は、パートナー感謝祭です。全てのパートナー会社さんにお越しいただき、感謝の気持ちを伝えます。また、わたしたちの期待を超える満足度をお客さまに提供してくださったパートナーさんには、表彰も行なっています。こうしたことを行なっているのは、パートナーさんとの良好な関係を維持するといった目的ももちろんありますが、それ以上にメンバーに自分たちだけでは良い仕事ができないことを改めて認識してもらうことが主な目的です。パートナー会社さんとの信頼関係を構築する上で、こうした姿勢は要となります。

四つ目のイベントは、社内表彰です。ここでは、お客さま満足度ナンバーワンやメンバーの投票によるさまざまな賞を設けています。例えば、入社3年以内のメンバーの中から選ばれるモストフレッシュ賞、企業文化を一番体現したメンバーに贈られるベストカルチャー賞、仲間から最も尊敬を受けているメンバーに贈られるベストリスペクト賞、年間を通じて最も立候補することが多かったメンバーに贈られるハンズアップ賞、さらに3年間、無遅刻無欠席を貫くことで得られるグッドヘルスケア賞などがあります。

この社内表彰のクライマックスは、なんと言ってもお客さま満足度ナンバーワン賞の表彰です。プランナーやドレスコーディネーター、そして式場のキャプテンの中から一人ずつ選ばれます。

主催する側からすると、どのような賞をつくるべきかと悩むかもしれませんが、ここで重視すべき点は、**経営者が企業文化として浸透させたいと思うことを賞にする**ことだと思います。ちなみに弊社では、売り上げや顧客獲得のような業績に関する表彰は一切行なっていません。お客さま満足を高めて欲しい。ベテランメンバーは仲間から尊敬されて欲しい。企業文化を実践して欲しい。自分から手をどんどん挙げて欲しい。体調管理ができるということは素晴らしいことだ。そんな経営者の想いが賞を通じてメンバーに伝わると良いと思っています。

もう一つ、大事にしていることは何かしら**誰もが狙える賞を設ける**ことです。弊社では「ハンズアップは難しいけれど、体調管理なら得意」「メンバーの尊敬を一挙に受けることは難しいけれど、企業文化の実践ならやれる」といった具合に、何かしら一つ、メンバーが「これならイケそう」と思えるような賞のラインナップにすることを心掛けています。社内表彰を一過性のイベントで終わらせず、企業文化の強化という目的で行なうことで、今後につなげています。

表彰を終えたあと、五つ目として行なうのが決意表明グランプリです。それぞれのチームが今後1年間の決意を目に見える形で表現します。ダンスあり、歌あり、大きな声での発声ありと、笑いも涙も凝縮したユニークな決意表明の審査員は、パートナー企業の皆さまやすでに内定が決まっている学生さんにお願いします。こうした体を張った決意表明グランプリは、単にノリでやっているわけではありません。チーム全員で決意表明の内容を考え、繰り返し復唱し、公の場において全身で表現することで、チームの方針や目標がメンバーの心の中に自然と根付いていきます。チームの方針をバックヤードに張り紙したり、毎日朝礼で伝えたりするよりも効果的です。

さらに、こうしたキックオフミーティング後は、必ず打ち上げを行なっています。費用はもちろん会社負担です。全員でおいしいご飯を食べ、お酒を飲んで、さらに結束を固めます。二次会も行なわれることが多いですが、こちらは希望者のみの参加です。弊社の場合は7割以上のメンバーが二次会に参加します。皆、次の日の出勤を心配することなく盛り上がれるよう、キックオフミーティングの翌日は休日にしています。会社における飲み会の良し悪しが論じられる昨今ですが、会社というコミュニティーが働くメンバーにとって心地よい場であれば、メンバーは自発的に参加します。そういう意味では、飲み会は会社の真価を問われる場でもあり、主催する側からすると、ここまでを含めてキックオフミーティングといえるのかもしれません。

このようにキックオフミーティングは チームワークを高め、一致団結するために必須の社内イベントとなっています。一体感のある会社をつくりたいと考えているならば、全メンバー参加のキックオフミーティングにぜひチャレンジしていただきたいと思います。

仲間を想う心を育む学生アルバイトの卒業式

弊社ではまた、アルバイトメンバーの卒業式を毎年3月に行なっています。弊社では、正規、非正規という概念を取っ払い、仲間という意味合いを強めるために、アルバイトのことをコンパーノと呼んでいます。したがって、アルバイトメンバーの卒業式は、コンパーノ卒業式と呼んでいます。

ブライダルの仕事というのは多岐に渡り、広い敷地を使いますので、正社員だけではできないことが多々あります。ですので、コンパーノのモチベーションやクオリティーはお客さま満足度に直結します。人財難の時代に突入している中で、アルバイトをどのように集めていくのかは企業における大きな課題です。

弊社のコンパーノは、大学生もいれば専門学生もいます。大学院に通っているコンパーノも多く、6年以上頑張ってくれている学生もいます。ちなみに弊社のコンパーノ採用は紹介が最も多く、求人サイトの利用は年1〜2回程度で足りています。このことから、時給の額以上に、コンパーノの組織への愛着や働きがいが上がるようにチーム運営ができていれば、コンパーノもそれに応えてくれ、自然とクチコミで人員を増やせるとわたしは認識しています。

コンパーノ卒業式は、大学や専門学校を卒業するコンパーノの門出を祝い、また共に働いてきた仲間に対して仲間たちが感謝を伝える、笑いと涙に満ち溢れたイベントです。

この日は、全店舗の営業をストップして、全メンバーがコンパーノ卒業式に参加します。また、引き続き働いてくれるコンパーノも出席します。**誰か一人でも欠けてはいけない大切な仲間の卒業式だからこそ営業をストップさせるのです。**もし営業を止めないと、打ち合わせや準備などで欠けるメンバーがどんどん増えていき、卒業式の目的が達成できなくなります。

そこで披露される催しは、2月に行なわれるチャレダンという社内コンペで優勝したメンバーが考え、運営します。ちなみに2018年のテーマは**【旅立ち】**で、弊社の結婚式場で行ないました。受付で卒業生一人ひとりにオリジナルのパスポートを配りました。パスポートの写真は履歴書に貼ってあった懐かしい写真を使い、そのパスポートには一緒に働いてきた仲間たちからの寄せ書きがたくさん書かれていました。

卒業式はチャペルで行ない、卒業生の入場、私からのあいさつ、卒業証書授与、卒業生の代表あいさつ、在籍アルバイトの代表あいさつと続きます。最後は全員で松任谷由実さんの『やさしさに包まれたなら』を合唱し、最後は大学生が卒業時に帽子を飛ばすように、エプロントスをしました。

卒業式の後は、レストランウエディングを運営する弊社らしく、とっておきの食事会です。**卒業生に感謝の気持ちを込めて、フランス料理のフルコースとドリンクをサービスします。**ここで提供される料理やドリンクも、社内コンペで選ばれたものです。この日のために考え尽くされたコースは、感謝の想いが目いっぱい詰め込まれています。食事中に、【一番楽しかったこと】【印象に残っている結婚式】【食べてみたかった料理】【憧れの人】【メンバーに一言】などを質問していき、思い出話に花を咲かせます。在籍コンパーノもこの卒業式に出ることを目標に頑張ることが多いです。

そして、卒業式の最後は【旅のお供】として封書を五つ渡しました。その封書は【はじめて就職先に出勤する日の朝】、【生涯の伴侶が見つかったとき】【お金に困ったとき】など、これから

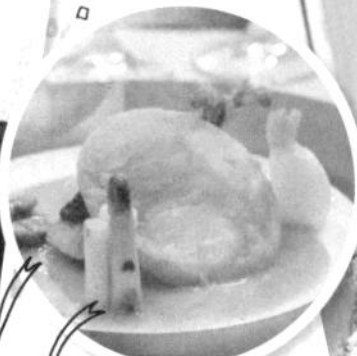

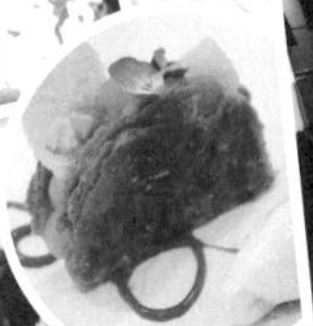

直面するさまざまなシチュエーションで開いてもらうためのものです。

コンパーノ卒業式には、正規非正規関わらず、仲間を大切にするマインドを育てることができます。また、社内コンペなどでメンバーの技術やアイデアを鍛えることもできます。こうして大切に扱われた記憶はしっかりと卒業していくコンパーノの胸に刻まれ、新たなコンパーノを紹介してくれるきっかけにもなるのです。

チームワーク向上に一役買う運動会

弊社では、創業5年目から**【運動会】**を開催しており、今年で11回目となります。この11年間で、運動会の内容はどんどん進化してきましたが、社内イベント共通の目的は**【チームワーク向上】**で変わりません。弊社の運動会ではパートナー会社の皆さまにもお声がけをし、ご参加いただいており、パートナー会社さまも含めたチームワーク向上を目指しています。

また、運動会では、**【企業文化の浸透】**にも力を入れています。運動会を通じて、弊社の【明るく楽しく元気よく】【サプライズカンパニー】【チームワークを大切にする】【掃除をしっかりとする】といった企業文化がメンバーにより浸透するように、そしてパートナー会社の皆さまにも理解していただくように努めています。パートナー会社のメンバーにも企業文化が浸透していくと、日常の仕事においてもチームワークが明らかに向上していき、しいてはお客さま満足度に直結します。

運動会の開催は、幹事を決めることからスタートです。弊社の場合、100名規模の運動会ですので幹事は10名前後になりますが、全員ハンズアップで選んでいます。最近は春に運動会を行なっているので、新卒メンバーも多く幹事になっています。もちろん若いメンバーだけでなく、リーダーが立候補しても構いません。ちなみに私もたまに立候補しています（笑）。

このような本業と直接関係のないイベントは立候補で幹事を選ぶことが理想です。**逆に立候補が出ないような状況であれば、運動会は開催しないほうがよいと思います。**業績に直結しないような仕事を嫌々やってもらったところで良いことはなく、それどころか不満の種となるからです。無論、キックオフミーティングやコンパ／卒業式同様、開催日は出勤日扱いにします。

幹事に任命されたメンバーは、予算の中で準備をすることになります。ちなみに弊社では、事前に【運動会のしおり】を配り、当日までの準備期間も楽しむことをモットーにしています。昨年は、チームごとに魚の名前が付けられ、それぞれにテーマカラーを設け、参加者はそれにちなんだ服装で参加しました。また、しおりには**【審判の言うことは絶対】【大人の神対応をしよう】【チームの垣根を超えて助け合おう】**といった、チームワークの妨げになるような行動を抑止するルールが記載されていました。競技内容も、幹事メンバーによって企画され、**【やったことも聞いたこともないような競技】から【おなじみの競技の大人バージョン】**まで多種多様です。

その競技の中には、例えば企業理念を口にしながらの大縄跳び、自社の大切なこだわりを探す競技など、パートナー会社さまに弊社の企業文化を知ってもらうための仕掛けもたくさん盛り込まれます。普段の業務では、パートナー会社に所属するメンバーが弊社の企業理念や大切な想いを確認し、実感する機会を得ることはなかなか難しいものです。なので、こうして体を動かしながら、弊社の企業文化を知ってもらえる機会をつくっています。

運動会後は、全メンバー参加の打ち上げです。パートナー会社のメンバーには会費をいただく形になりますが、ほとんどのパートナーさんが参加してくださいます。

共に運動をして汗をかき、喜び、騒ぎ、ときには真剣に競い合い、一喜一憂する。運動会を通じ、弊社のメンバーはもちろん、パートナー会社の皆さまとも企業理念や企業文化など自社の大切な想いを共有でき、そして最後は、おいしい食べ物とお酒で語り合い、ねぎらい合い、チームワークを高めることができる運動会です。ぜひチャレンジしてみてはいかがでしょう。

風通しの良い会社は嫌な話をできる会社

「風通しの良い会社ですね?」とよくお褒めいただきますが、本当に風通しが良いかどうかについては、実はわたし自身よく分かっておりません。ただ【常に風通しが良くなることは考えている】というのが正直なところです。

多くの企業において、若いメンバーは会社をもっとよくする素晴らしいアイデアやヒントをたくさん持っています。にもかかわらず、「うちの会社は言ってもムダ」と考えてしまい、改善につながらなかったり、しいては離職したりするケースが非常に多いです。それを防ぐためには、経営者やリーダーが若いメンバーのさまざまな声にしっかりと耳を傾け、会社のためになる意見を尊重し、若いメンバーたちが「自分の意見が通った」「言えば動いてくれる会社だ」と思える機会を増やすことです。**リーダーは、経営者が聞いて嫌な話ほど価値があると考えて伝え、経営者は嫌な話を率直にしてくれるリーダーこそ大切にしなければいけません。**これが、わたしが考える「風通しが良い」といえる基本形で、弊社も2年前まではこのやり方を中心に進めていました。

2年前に次なる成長を考え、組織の改訂を行なってからは、さらに、若いメンバーが経営者であるわたしと直接ディスカッションできるミーティングを行なうようにしています。2年前の組織改定で、わたしはCEOになり、野口というメンバーをCOOに抜擢しました。以来、わたしの仕事は経営に特化すること、野口の仕事は運営に特化することとし、それぞれの仕事の役割を明確に分けています。中でも組織のあり方や施策立案の仕事はCEOの役割です。

ところが、ここで困ったことが一つ残りました。現場主義者であるわたしにとって、アイデアのほとんどは現場でのメンバーとの何気ない会話やその場で感じたことからヒントを得て生まれるものが多く、現場の運営を野口に任せて、自分が一歩引くことで、アイデアが枯渇することを危惧しました。またCOOへの指摘というのがわたしの役割の一つにもなりましたので、現場には立たないにしても、野口以外の現場のメンバーから率直な意見を聞く機会が必要となりました。

社長にメンバーの声を直接届けるために目安箱のようなものを置いている会社も多いですが、正直あまり気乗りがしませんでした。というのも、目安箱は匿名性が高く、本当に会社のことを想っているメンバーの声なのかも判断できず、そのあやふやさがリーダーに進言するという基本の形の邪魔をしてしまうからです。

珠玉のアイデアが次の施策となる「みんなが HAPPY MTG」

匿名性にせず、メンバーの率直な声を直接聞いて、施策につなげたい。そこで始めたのが、リーダー以外のメンバーを集めて、直接わたしと対峙する**【みんなが HAPPY MTG】**です。大真面目に考えてこのネーミングにしたのですが、文字通り、**みんながハッピーになるために行なうミーティング**のことです。

所属もキャリアも年齢も性別も違うメンバーをCOOの野口が7〜8名ほど選び、全員が年に最低一度は参加します。約2時間のミーティングの中で、わたしが意見することはまずありません。メンバーからの質問には答えますが、みんなの考えを聞きながら、ゴールがずれないように進行役に徹します。このミーティングは、過去2年間で10回ほど開催され、延べ100名以上が参加しました。毎回、素晴らしい案が次々と出され、会社の運営に役立っています。

例えば、そこで採用された案の一つに、**【目標は必達ラインとご褒美ラインの二つを設定する】**というものがあります。この案は「『目標は越えればいい』というメンバーと、『目標は超えて当たり前で、そこからどれだけ伸ばすかが大切』というメンバーがいます。もっと一体感のあるチームにしていくために、この意識の差を埋めたい」という若いメンバーの意見から生まれました。

このテーマを、メンバーで議論し、決定した結果が【目標は必達ラインとご褒美ラインの二つを設定する】というものでした。文字通り、必達ラインは必ず超えなければいけないラインです。

メンバーには、「このラインを超えることができなければ、買いたいものも買えなくなったり、今ある福利厚生も維持できなくなったり、原価や人件費にも手をつけなければいけなくなります」

と説明しています。一方、ご褒美ラインについては、「このラインを超えたら業績賞与や会食のようなうれしいご褒美があります」と伝えています。

この若い一人のメンバーが意見を出した際、わたしは心の中でうなり、その観察眼の鋭さに感激しました。結果、今ではどんな小さな目標でも、弊社では必達ラインとご褒美ラインが設定されるようになり、目標達成への目線もチーム全体で揃えながら、運営ができています。

また、弊社で定期的に行なわれている【ハッピー飲み会】もこのミーティングから生まれました。これは新卒メンバーが、「当初＊＊先輩は怖い人だと思っていたけど、一度一緒に飲みに行ったときに、会社ではしないような話をたくさんできて、実際はすごく情熱的で尊敬できる先輩だと知ることができたので、みんなにも同じような体験をしてもらいたい」という声を拾ったものです。

以降、弊社では、不定期で違うチームや同期以外のメンバーで5〜6名を指名し、会社経費で飲みに行ってもらう機会をつくっています。指名されたメンバーは、お店選びから皆で集まり決定し、飲みの席で、「仕事でどんな時にハッピーを感じるか？」や「プライベートでどんなときにハッピーを感じるか？」「仲間のどんな様子を見ると幸せに感じるか？」といった内容を話し合います。

新卒メンバーの課題提言を発端に、「仲間が何に幸せを感じているのかを知ることで、チームワークがより良くなるのでは」というメンバーの声から、こうしたことを話し合うようになりました。実施後のアンケート結果をみると、この飲み会はとても好評です。

みんながHAPPY MTGの進め方

前述したように、代表であるわたしは、進行役に徹して自分の意見を述べないのが前提です。このミーティングを進める上で用意するものはA4サイズのホワイトボードのみです。

ほかのイベント同様、最初にこのミーティングを行なう目的を参加者に伝えます。目的の認識が個々で違っていると、その後の議論も噛み合わないものになってしまうので、ここで意思統一を図ります。ちなみに弊社が掲げているこのミーティングの目的は、**【参加メンバーの考える力を育成すること】**、**【風通しの良い企業文化をつくること】**、**【メンバー全員の満足度をあげること】**、**【次世代リーダーの育成】**の四つです。

中でも重視しているのが**【参加メンバーの考える力を育成すること】**です。特に若いメンバーに対して、会社への不満や批判があるときは、社内批評家になるのではなく、解決策まで考え、実践できる人間になってほしいと、この機会に伝えています。

ミーティングの意図がメンバーにしっかりと伝わったら、いよいよ本題です。

まず、わたしが「どうしたらブライド・トゥー・ビーのメンバーがもっとHAPPYになれるだろうか?」というざっくりとした疑問をホワイトボードに書き、その疑問に対する回答を全員が考え、個々に手にしているホワイトボードに思いつく限り書いていきます。目安の時間は5分ですが、状況により長くしても短くしても構いません。この時に重視するのは、できるだけ制約なく、子どものような気持ちで考えてもらうことです。ただし、個人に対する批判は外します。

時間が来たら次は発表タイムです。全員が順番に自分が書いた内容を発表していきます。こうして発表される案の中には、「福利厚生の充実」といったような模範回答もあれば、「会社で出されるお弁当をもっとおいしくしたい」などの予想外の回答も出てきます。

回答が出揃ったところでディスカッションタイムが始まります。発表された回答に対して質問や意見などをどんどん交わしていきます。

ここで進行役である代表は、場を和ませつつ、さまざまな角度から自由にディスカッションがされるように話を振っていきます。時に笑いが起こり、時に同意し、時に課題を見つけ、時に改善案を出す。そんな風にブラッシュアップする方向へ導けたら、ミーティングも活気づきます。

ディスカッションが充分になされたところで、いよいよ投票タイムです。投票数は出た案の3分の1が目安です。投票の前に決定者を立候補で1名選びますが、決定者は多数決ではなく、メンバーの意見や投票数を分析しながら、最終的に三つの回答まで絞り、それが話し合う課題となります。

多数決ではなくあえて決定者が意思決定をする理由

余談になりますが、弊社では議論を行なうとき、多数決ではなく必ず決定者を定め、そのメンバーが意思決定をします。なぜ、多数決制を取らないかというと、その時の状況や話し合いの流れによって、意見や投票が偏ることが多々あり、結果的に一部の部署やメンバーに負荷が偏ってしまうからです。また、社内批評家を増やさないためにも、自分の責任で意思決定を行い、皆に納得してもらう大変さを個々のメンバーが経験することは大事です。

重要事項に関しては、経験あるリーダーや取締役が決定者となりますが、みんながHAPPY MTGでは、次世代リーダーの育成を考え、ハンズアップで決定者を決めることにしています。若いメンバーほど自分が一任されることに抵抗感を覚えますが、あえてそれを経験することで、その場の空気に飲み込まれず、客観的に判断し、責任を持って意思決定できる人財が育ちます。

課題解決へ向けたワークショップ

こうして、決定者によって課題が三つまで絞られたら、今度はそれを疑問文に変換します。

例えば、「福利厚生の充実」が課題として決定した場合、疑問文は「どんな福利厚生が新たにできればメンバーがHAPPYになるだろうか?」となります。また、「もっとおいしいお弁当が食べたい」が課題の場合、疑問文は、「どのようにおいしいお弁当が出ればメンバーがHAPPYになるだろうか?」です。この疑問文が完成したら、再び具体的な解決策を個々で考え、全員がそれを発表します。その後の流れは課題を決定したときと同様で、最終的に決定者が解決策を選びます。

最後に、このみんながHAPPY MTGにて決定された解決策は、私が責任をもって次回のリーダー合宿に議題として挙げます。そのまま改善案として採用されるものもあれば、少し変更が加えられることや否決されることもあります。どのような結果になったとしても、その決定までのプロセスを参加メンバーにフィードバックするようにしています。

私はこのミーティングを始めて、若いメンバーの頭の中には会社をもっと良くするヒントがたくさん詰まっていること実感しました。経営者自ら若いメンバーと真っ向から向き合う機会を持つことは、会社の活性化にもつながり、しいては次世代リーダーの育成や発掘にもとても有効だと思います。

シースルー
コックコート
Yummy!!
下に着てる
Tシャツが
見えてる
風通しが
いいネ〜

第九章　夢

中期事業計画「みんなのサプライズ夢計画」

一般的に中期事業計画は、3～5年の経営目標を実現するために、中期でやるべきことを明確化したものであり、売り上げや利益目標などが数値で示され、課題も具体的なものが多いようです。簡単に言うと、企業が中期的に目指す【あるべき姿と現状とのギャップを埋める】ための計画とも言えるでしょう。また、上場企業や上場を目指しているような会社は、株主向けにつくっていることが多いようです。弊社のような中小企業で、上場を目指していない会社にとっては、メンバーの働きがいのためにこそ、中期事業計画は存在すべきと考えています。

弊社では、中期事業計画として3年に1度、メンバー全員で【みんなのサプライズ夢計画】を作成しています。**具体的には、メンバー一人ひとりが実現したい会社の夢を語り、その内容を収集及び厳選し、会社全体の夢計画を立てます。**完成した夢計画は、新しい福利厚生をつくる際にも活用しています。子ども手当や住宅手当もこの夢計画から実現した福利厚生です。

中期事業計画としての夢計画ですので、弊社は過去9年間で3回、夢計画を作成してきました。1回目ではかなわず2回目の計画でかなった夢、2回目になくなった夢、2回目にもかなわず、いまだ継続している夢などさまざまです。

すべての夢が実現したわけではありませんが、一つでも多くの夢をかなえることを経営ミッションと考えています。

夢計画における六つの構成

さてここからは、【みんなの夢計画】の作成方法をご紹介させていただきます。夢計画は六つの構成で成り立っています。


一つ目は、【お客さまへのサプライズ】。文字通り、お客さまに対しての夢です。

二つ目は、【家族へのサプライズ】。働いているメンバーの家族に対しての夢です。

三つ目は、【世の中へのサプライズ】。社会全体に対しての夢です。

四つ目は、【ワクワクチャレンジ】。会社のチャレンジについての夢です。

五つ目は、【ワクワク事業計画】。今後3年間でチャレンジしたい新事業についての夢です。

六つ目は、【覚悟と決意】。売り上げや平均給与などの夢です。この覚悟と決意には平均給与や経常利益率などが内容になっていますので、経営陣だけで考える夢になっています。


夢計画を作成するにあたり、最初にグループ分けをします。弊社では過去3回、会社の状況に応じてさまざまな方法でグループをつくってきました。

9年前にはじめてこの計画の作成に取り組んだとき、弊社は30代と40代のメンバーが1割程度で、ほとんどのメンバーが20代で構成されていました。また、はじめての取り組みでしたので、アイデア出しが活性化するよう、新しいことに前向きなメンバーをグループごとにバランスよく選んでいきました。2回目の夢計画作成のときは店舗数が増え、メンバーもどんどん増加している時期でしたので、異なる店舗や異なる職種のメンバーがバランスよく交わるようにグループを構成しました。そして昨年3回目では、弊社のメンバー構成が20代と30代以上で半々の割合になっていましたので、世代ごとにグループを分けました。このグループ分けでは世代ごとの夢がまったく異なり、とても良かったと感じています。具体的には、20代のメンバーの夢は、すぐにかなわないような壮大なものが多く、30代のメンバーは福利厚生などの現実的な夢が多く出てきました。グループのメンバー数は1グループ8名前後が程よいと思います。あまり多すぎると一人ひとりの発言がよく聞けなくなってしまい、逆に少なすぎると議論に上がる夢の数が少なくなるからです。また、実施する日は、可能な限り多くのメンバーが集まって行なうのがよいと思います。

夢計画作成時のオープニングでは、夢計画とは何なのかを改めてメンバーに説明します。具体的には、中期事業計画であること。なぜこの計画をつくるのか。どのような会社にしたいのか。

夢計画の構成もしっかりと説明していきます。全員がこれから行なう計画の中身を理解したところで、実際に作成に取り掛かります。

グループワークの進め方

8名前後のメンバー構成でグループがいくつかできたところで、グループワーク内での進行役と決定者を決めます。進行役と決定者が決まったら、一つ目の夢である【お客さまにインパクトを与えるステキな夢】について、全員が自分の案を考え、グループ内で発表します。発表は、クイズ番組のように、一人ひとりが小さなホワイトボードを持って記入するスタイルです。

案を考える上で大切なポイントは二つ。一つは**【実現性を考えすぎず、子どものような気持ちで考えること】**、もう一つは、**【できる限り案をたくさん出すこと】**です。夢の数は多ければ多いほど良いです。実現不可能と思える夢、逆に小さすぎて出すのが恥ずかしいと思われる夢など、あまり深くは考えすぎず、思いつく限りを書き出していきます。グループワークの雰囲気が良くなるような笑いが起こる案は大いに歓迎。全員の発表が終わったところで、ディスカッションタイムが始まります。慣れるまでは一つの夢につき30分は確保したほうがよいと思います。

この時間では、提案された夢に対する質疑応答やプッシュ（その意見に賛同する意思を伝えることを弊社ではこう呼んでいます）や変更の提案などを行ないます。例えば、今ひとつ意味が分からなかった夢には手を挙げて質問します。また、「その夢いいなあ」という案には手を挙げて「○○さんの夢をプッシュします」と賛同の意思表示をします。また、「○○さんの夢を少しこう変えてはどうか」と思ったのなら、変更の提案をします。

時として、**提案者自身が「実現は無理だろう」と思っていた夢が、仲間の助言や変更の提案により、実現できそうな、最高の夢に変わっていくことが多々あります。これこそがグループワークの素晴らしさです。**

ディスカッションタイムが終わったら投票タイムです。みんなの夢が書かれたホワイトボードをテーブルに置いて、一人ひとりが良いと思う夢に投票します。投票数は出ている案の3分の1が目安です。投票を終えたら、それぞれのグループにいる決定者が最終会議に挙げる夢を決定します。

この決定数も投票数と同じくらいであることが望ましいですが、少し増えてもまったく問題はありません。**このグループワークの良いところは、全員が必ず案を出さなければならないことと、決定に必ず全員が関わることです。**もちろん自分の出した夢が採用される場合もありますが、仲間の夢のほうが良いと思えば、自分の出した夢に投票をしないメンバーもたくさんいます。

【わたしは会社の夢計画つくりに参加した】。こんな感情がメンバーに生まれれば、グループワークは大成功です。その後、【家族へのインパクト】から【ワクワク事業計画】まで、同じやり方で進めていき、すべての構成において全メンバーで決めた夢を集めます。

仕上げは、この集まった夢をまとめて、整理するワークショップです。弊社では、年3回行なっているリーダー合宿で、このワークショップを行ない、すべての夢を整理し、まとめていきます。取締役やリーダーの想いもしっかりと含まれてこそ、【みんなの夢計画】になるので、取締役やリーダーは、ここで夢の案をプラスすることができます。

こうして出来上がった夢計画を全メンバーでしっかりと共有し、一つでも多くの夢がかなうように、経営者はもちろん、メンバー一人ひとりが努力をしていく態勢を築いていきます。

メンバー内に「夢がまたかなった」という実感が湧けば湧くほど、会社への信頼や期待、及びロイヤリティーも高まっていくと思います。

明るく
楽しく
元気よく

みんなの夢
Award of Michael Porter
Great
運動などで何かしらの大会に出場している家族のスポンサーになる。
BTB
海外研修を行う
外国人を採用する
エルダンジュアプリを作る!
講演者にチャレンジする!!
(株)グランドトゥービーイベントのスポンサーになる
BTB インスタ follower 1万人!!
New 事業
カフェ営業にチャレンジする!!
TOBEソングをつくる!!
目標達成時にプレゼントを家族に送る!!
会社訪問DAYを作る
ベンガYouTuberになる!
エルダンジュ菜園をつくる!!
託児所を設置!
シェフやパティシエによる料理教室をする
給食事業にチャレンジ!!
介護手当をつくる!!
経営利益率 10%
企業とコラボ
外国人の新卒を採用する
何かギネスに挑戦する
乳がん検診手当を作る!!
島を所有する
BTB島
給与5%アップ
伊藤誠英
テレビCM もしくは TV番組をつくる
BTB ch
首都圏に出店
Wedding
同性婚式 金婚式 銀婚式をつくる!
人生のパートナー
オリジナルアクセサリーをお土産化する!!
みげる

丹羽充シェフ×伊藤誠英 対談

～料理人のセカンドライフ、セカンドドリーム～

聞く耳こそ最高のフォンド・ヴォー

ブライド・トゥー・ビーの創業以来、調理場を牽引してきた同社取締役・丹羽充シェフ。70名いるメンバーの中で最年長の満60歳。「米国ポートランドで焼き鳥フレンチ店オープン」という新たな夢に燃え、セカンドライフ、セカンドドリームを見据える日々。「料理には人の心が映るため、常に人として成長し続けたい」という。料理への想いや後進の育て方、今後の夢について伊藤誠英と語った。（聞き手・山葵夕子）

■改革を歓迎する

——お二人の出会いについて教えてください。

丹羽充（以下略、シェフ）：もともとは誠英さんのお父さまの会社で10年間務め、誠英さんが入社するタイミングで一度退職をしました。2～3年、別の店で働いていたのですが、そこが閉店することになり、再度戻ろうと面接をしていただいたときの面接官が誠英さんでした。

伊藤誠英（以下略、誠英）：わたしの中でのシェフの第一印象は、父の会社の忘年会で「お世話になりました」とあいさつしているのを見ていたので、「あ、辞めるんだな、この人」でした（笑）。当時、わたしが25歳で、父の会社に入社したばかり。シェフが40歳の頃です。

——再入社した際、シェフは誠英さんに対してどういう印象を持ちましたか。

シェフ：今までにいないタイプというか、「こんなことを言っちゃいけない」という聖域がなく、何でもしっかりと言うイメージでした。

誠英：当時のリーダーたちにはすごく嫌われていたと思います。

シェフ：何でもストレートにモノを言うタイプだったので、それを嫌うスタッフは確かにいたかもしれません。

誠英：すごくいたと思いますよ（笑）。

シェフ：当時、誠英さんがいろいろな改革

を始めたんですね。料理もプランニングも営業も。コンサルタントを入れたり、新たなウエディング会社と契約をしたりしていました。なので、当時はそういった改革を「新たな勉強ができる」と歓迎する派と、「今までのほうがいい」と否定的に捉える派の真っ二つに分かれていました。わたしは当然、改革歓迎派でした。

――シェフは当時からいろいろな意見や批評を聞くのが好きだったんですか？

シェフ：もちろんです。それがないと新しい料理は生まれませんので。なので2年くらい過ぎて、誠英さんから独立して新しい式場をつくるから一緒にやってほしいと言われた際、このチャンスを生かしたいと思いました。不安は全くなく、挑戦できることや、新しい料理を自由に考えられる楽しみのほうがはるかに勝っていました。これから楽しくなりそうだなとワクワクしていました。

――グランドオープン時に開発したメニューの中で今も残るものはありますか。

誠英：それはもう、たくさんあります。

シェフ：一番人気は牛フィレ肉の岩塩包みです。これは弊社のスペシャルメニューで、7割くらいの新郎新婦さまがオーダーされます。

誠英：コックコートを着た弊社の料理人たちが、お客さまの前で岩塩に火をつけて演出するんです。

シェフ：もともとは誠英さんのお兄さまの披露宴のために考案したところ大変好評で。それを改良してグランドメニューに加え、今に至ります。そのほかにも、誠英さんから「これからは演出が大事」と言われたので、わたしなりにいろいろと考えました。また、「こんなところへ行ったら、こんなことをやっていた」という報告もメニュー開発に役立ちました。そういう情報がヒントになって、さまざまな発想が浮かぶんです。

■料理人が料理を売る

――ブライド・トゥー・ビーでは料理人が直接接客して、メニューを考えると聞いています。

誠英：いわゆる料理のコースメニューというのが、弊社にはないんです。アラカルトメニューがあって、料理人がその内容をお客さまに直接説明して、ウエディング当日に出す料理を決めます。通常の式場では、プランナーが料理単価目標を追うのです

が、弊社の場合は料理人が料理単価目標を追います。

――慣れない頃は接客するのが難しくなかったですか。

シェフ：通常ですと、料理人はずっと調理場にいてお客さまと打ち合わせをする機会なんてほとんどないじゃないですか。それがブライド・トゥー・ビーでは、そういう場を突如与えられ、最初は戸惑いました。料理説明はするものの単価はなかなか上がりませんでした。お客さまは安くて良いほうがいいので、そう言われると、当時のわたしは、「じゃあ、フォアグラをやめて、こちらの安い方でいいですよね」と答えていました。「どうしても予算がないから、予算がなくてもいいメニューをつくってくれ」と言われたら、予算を下げて、ちょっとサービスしなくちゃいけないのかなと考えるのが料理人なんです。料理人はお客さまの声というのをそのまま受け取るので。でも、それをプランナーに「そんなことではダメだ」「シェフ、こういう風にしゃべったほうが良いよ」とガンガンに突っ込まれ、営業指導を受けていました（笑）。フォアグラをもっと押せと。「売れても売れなくても、親身になって相談することがお客さまにとってはうれしいんだよ」と教えられました。そう言われるまで、わたしにはそうした感覚がまるでありませんでした。やっぱりそれは営業の感覚ですよね。

誠英：一般的な式場だと、プランナーがお客さまから料理に関する希望を聞いて、「こういう風にできますか」と調理場にお伺いを立てるのですが、それは時間の無駄だと感じていたんです。今は料理人がかなり営業上手になっていて、それぞれが工夫し、お客さまのご予算に応じて持っていくアラカルトメニューを変えています。

シェフ：じかにお客さまと打ち合わせをするのとしないのとでは、当然わたしたち料理人のモチベーションも違います。打ち合わせをすることで、このお客さまたちの「これをやって」という希望をより聞いて差し上げようと自然と力が入ります。あとは若いメンバーの教育にも役立っています。お客さまから聞かれて分からないことがあるといい加減なことは話せないので、能動的に自分で調べて勉強しています。

■昔は「修行」今は「入社」

――シェフが19歳で料理人になられたときと、現代の新人の大きな違いは何でしょう

か。

シェフ：わたしたちのときは丁稚奉公みたいで「料理の世界に入りたい」という強い意志があったので、厳しいことにも耐えられました。今もそういう気持ちの若手はもちろんいると思いますが、現代は「料理を修行する」というよりも、「会社に入る」という意識でくる方の割合が多くなりました。なので厳しい部分も教えていかないと、とは思っています。

――中にはついていけなくなるメンバーもいませんか。そういうメンバーにはどういったアドバイスを？

シェフ：この子はセンスと根性があるから、この世界でやっていけるとか、逆にこの子は違う世界に行った方がもっと伸びることができるとか。2年くらいすると、そうした個々の特性が大体見えてくるので、「料理の世界で飛躍しそう」と感じる子には、集中的に教えないといけないと思ったりします。逆にほかの世界のほうが向いてそうな子には、その子がやりたいことを引き出すことを第一に考えます。そこは誠英さんが得意なので託すことも多いです。

誠英：会社の都合でモノを考えないというのはいつも軸に据えています。会社なんてものは、一人ひとりの人生を最後まで背負えないですからね。放っておくと会社ってやっぱり「辞めてもらったら困る」が先にくるので。それは相手も敏感に感じ取ると思います。本当に自分のためを思って言ってるのか、会社都合で話をうまく持っていこうとされているのか。だからこそ、メンバーとはできるだけストレートに向き合うようにしています。

■米国ポートランドで焼き鳥フレンチ店オープンの夢

――シェフが誠英さんからポートランドの話を最初に聞いたのはいつ頃でしょう。

シェフ：5～6年前でしょうか。海外で仕事したいというのは、いろいろなミーティングで誠英さん自身がおっしゃっていたので。会社が大きくなったら、そういうこともいずれ起きるかなと思っていました。

――しかも、普通のフレンチではなくて焼き鳥フレンチ。

シェフ：当初、誠英さんからは焼き鳥フレンチと聞いていたので、わたしの頭の中ではオードブルやフレンチを提供しつつ、途中で焼き鳥を焼いて、デザートで締めくくるというイメージだったんです。ですが、

ポートランドに行って誠英さんといろいろと打ち合わせする中でちょっと違うなと。

誠英：フレンチベースに焼き鳥を入れるか、焼き鳥にフレンチを入れるかの違いで、シェフは前者で、わたしは後者の考えでした。

シェフ：それで誠英さんの方針でまずはやってみようとなりました。

――フレンチ一筋できて、これまで焼き鳥を焼いたことはあったんですか。

シェフ：ないです。なので、誠英さんが東京へ出張に行かれる際に、本を買ってきていただいたり、自身で東京へ出向いてはいろいろな焼き鳥を食べたりしています。もちろん、自分で練習して、それを調理場の子たちに試食してもらったりもするのですが、焼き鳥で一番面白いと思うのが、串打ちです。串打ちはフレンチではやったことがなかったので。簡単そうに見えて、実際にやってみると難しいんです。これをわたしが単身でアメリカへ行って、一人で串を打っていたら、たぶん間に合わないだろうなと。なので、もっとたくさん練習しなければと思っています。火入れは今までの経験である程度は分かるのですけど。

誠英：火入れはバッチリなんです。それは焼き鳥専門店の方たちも、シェフに焼き鳥を焼かれたら火入れはかなわないとおっしゃっていました。

シェフ：でも、問題は仕込みの時間ですよね。こればかりはやらないと分からないというのはありますよね。いまはスマホで動画を調べたり、本で読んだりしながら、日々勉強しています。

――名古屋フランス料理研究会会長を3年も務めるほどのシェフが、急に焼き鳥修行へと、そんな容易にマインドチェンジできるものですか。

シェフ：はい。だって、新たな挑戦と思えば楽しみですし、そもそもわたしはプライドがないんです。今までずっと同じ仕事をやってきて、定年前に新たな挑戦の話をいただき、それに挑戦できるという楽しみのほうが格段に強いです。これはいつもなんですが、新しいことをやるときに不安はないんです。楽しみのほうが俄然大きい。こんな仕事をいただけるのなら、やってみたいという気持ちが常に勝ちます。

■城を守る人、攻める人

――誠英さんから見て、ウチのシェフはここが最高というところはどこなんですか？

誠英：素直さです。頑固ではあるのですが、批評や批判を受けるのが嫌いじゃないんです。聞く耳がすごくあると思います。このキャリアの料理人としては珍しいかもしれません。起業当初も、今よりも気が短かったんですけど、24、5歳の女性プランナーに営業指導でガンガン言われても「はい」と素直に聞き入れる。今回の焼き鳥に関してもですが、新しい学びに貪欲だからこそだと思います。あとは、ちょっとMだと思う（笑）。

――お二人はまるで戦友のようですね。

誠英：調理場って戦国時代に例えると城だと思うんです。城を守ってもらえるから、こちらは打って出られる。そういう安心感は常にすごくありました。人が辞めて人が足りないということはありましたけど、キッチンのことでわたしがバタバタすることはこれまでありませんでした。

シェフ：共に乗り越えたというよりもそれぞれの領域を守ってきたというほうに近いと思います。誠英さんは誠英さんで営業の領域を常に守られてきたので今があるし、わたしはわたしでキッチンの領域を守ってきたので今があると思う。お互いすごく尊敬し合っています。誠英さんはわたしができないことをたくさんできるので、そこは誠英さんに任せるしかありません。逆にわたしは料理のことしかできないので。そこはちゃんとしっかりやらねばと思ってやってきました。わたしが背伸びをしたところで、できないことはできないので。やれることを一生懸命にやるしかありません。

――お二人とも変化を楽しめるというのは強いですよね。だんだん年齢を重ねると楽しみたい人たちの意見を吸収できなくなる大人も多いですが。

誠英：それはありますね。そこはある意味、似たもの同士なのかもしれません。「最も強い者が生き残るのではなく、最も賢い者が生き延びるのでもない。唯一生き残ることができるのは、変化できる者である」とダーヴィンが言っているけど、その本質を本能的に理解しているのだと思います。それはCOOの野口にも言えることです。そ逆にリーダーがそうじゃなくなったら、組織は一気に暗転すると思います。だって、変わらないままでいるほうが楽ですから。

――「もうやめたい」、「もう限界」といった相談を若いキッチンメンバーから受けたときはどんな風に答えるんですか。

シェフ：料理をつくることで、お客さまや

家族を幸せにできるじゃないですか。料理をつくって差し上げたら、食べられた方が幸せな気持ちになったり笑顔になったりする。結婚しても旦那さんや子どものことを思って料理をつくる。誰かを想いながら料理をつくる。それってやっぱり大事ですよね。そういった真心の大切さを分かってもらえたら、続けられるのかなと思います。お客さまと打ち合わせをして、その想いをどう真摯に受け止めて応えるか。「それがあなたにはできるんじゃないの」という話をします。実際にその想いに応えられたときは、うれしさが2倍にも3倍にもなる。料理の世界は、そこを分からないまま辞めてしまう人が多いので。それを肌で感じるまでは続けてもらいたいなと思います。

誠英：きっと料理人としての喜びを感じるまでの時間が長すぎるんですよね。

シェフ：そうなんです。単純作業の繰り返しですから。

誠英：料理人と営業職の大きな違いがあって。料理人っていうのは急には伸びません。コツコツと技術を高めていくしかないのです。つまらないかもしれないけれど、成果が出るまで時間がかかります。その反面、営業職は3年目のメンバーが1年目に負けることが容易にある世界です。3年間頑張ってきた子が、営業センスのある1年目にポーンと抜かれることが珍しくありません。そういう意味では、営業は残酷です。でも、料理人の世界は、3年頑張ってきた子が1年目に負けることはまずありません。仕事の質が、そもそも営業と料理人では違うんですね。熟練した技術は絶対に嘘をつきません。わたしは料理人ではないから料理人としての喜びは伝えられませんが、料理人の積み重ねには嘘がなく、やったことがすべて重なっていく仕事はすごく良い仕事だと思いますし、そうした話をよくメンバーにしています。

■60歳のセカンドライフ、セカンドドリーム

――今のシェフの夢は何でしょう。

シェフ：早くポートランドへ行くことです。これまで2度訪れていますが、自然いっぱいの街の雰囲気とアメリカ人のフランクな人柄がすごく気に入りました。それでうまくいけば、うれしいじゃないですか。成果が出ればうれしいので、成果が出るようにしないといけない。だから、串打ち練習にも精が出ます。一方の英語は、この年齢に

なるとなかなか上達はしないですね。40年前くらいを思い浮かべながらやっていますが難しいです。今回、コロナの影響で渡米が延びたので、その間に英語を勉強しようと思っています。

――そうした夢を抱くシェフに対して、調理場の若い子たちの反応は？

シェフ：20名くらいいるのですが、皆とても応援してくれています。

誠英：チャレンジしているシェフの姿を間近で見られるのが若手にとっては一番の刺激ですよね。わたしが口頭で口酸っぱく「チャレンジしろ」と言うより、還暦のシェフが今から英語を覚えて、串打ちを練習して、アメリカで焼き鳥屋をやるんだと日々精進している背中を見せるほうが、ものすごく揺さぶられるでしょう。

シェフ：焼き鳥をまかないでつくって、みんなに試食してもらうんです。

――多くの調理場では、料理長やシェフがつくったものを若手が批評なんてできない空気なんじゃないですか。

シェフ：弊社はそういう環境ではなく、1年目も2年目も関係なく何でも言えます。だからわたしも何でも言われています。

誠英：それは弊社のすごい強みです。

シェフ：まかないで出した焼き鳥にも、塩が強いとか、タレの味はもっとこうしたほうがいいとか、いろいろなアドバイスをもらいます。焼き加減に関しては言われませんが、味付けはいろいろと言われます。たまに、「この子の味覚のほうがおかしいんじゃ……」と思うときもありますが、味覚というのは、そもそも100人いれば100通り違うものなので。ある程度は参考にします。

――やっぱりシェフは聞く耳がすごいんですね。それがよく分かりました。

誠英：そう！　シェフは聞く耳がすごい！

シェフ：少なくとも調理場の子たちは、わたしに対して「言いづらい」といったことはないと思います。一流と呼ばれる大きな料理をつくりたいなら、自分も人間的に成長して、一流の大きな人間にならなければなりません。そのために必要なのは、人の意見をたくさん聞くことだと思います。人の意見を聞かないと料理に生かせないので。たくさん興味を持って、たくさん聞いて、知的好奇心を育て続ける。そうやって常に新しい料理を生み出すことにチャレンジし続けていきたいですね。

Bride to be ～花嫁になる～

「わたし、花嫁になるの」

みんなが「しあわせだね」「結婚式楽しみだね」って言ってくれるけど

しあわせって なんだろう？

結婚式って なんだろう？

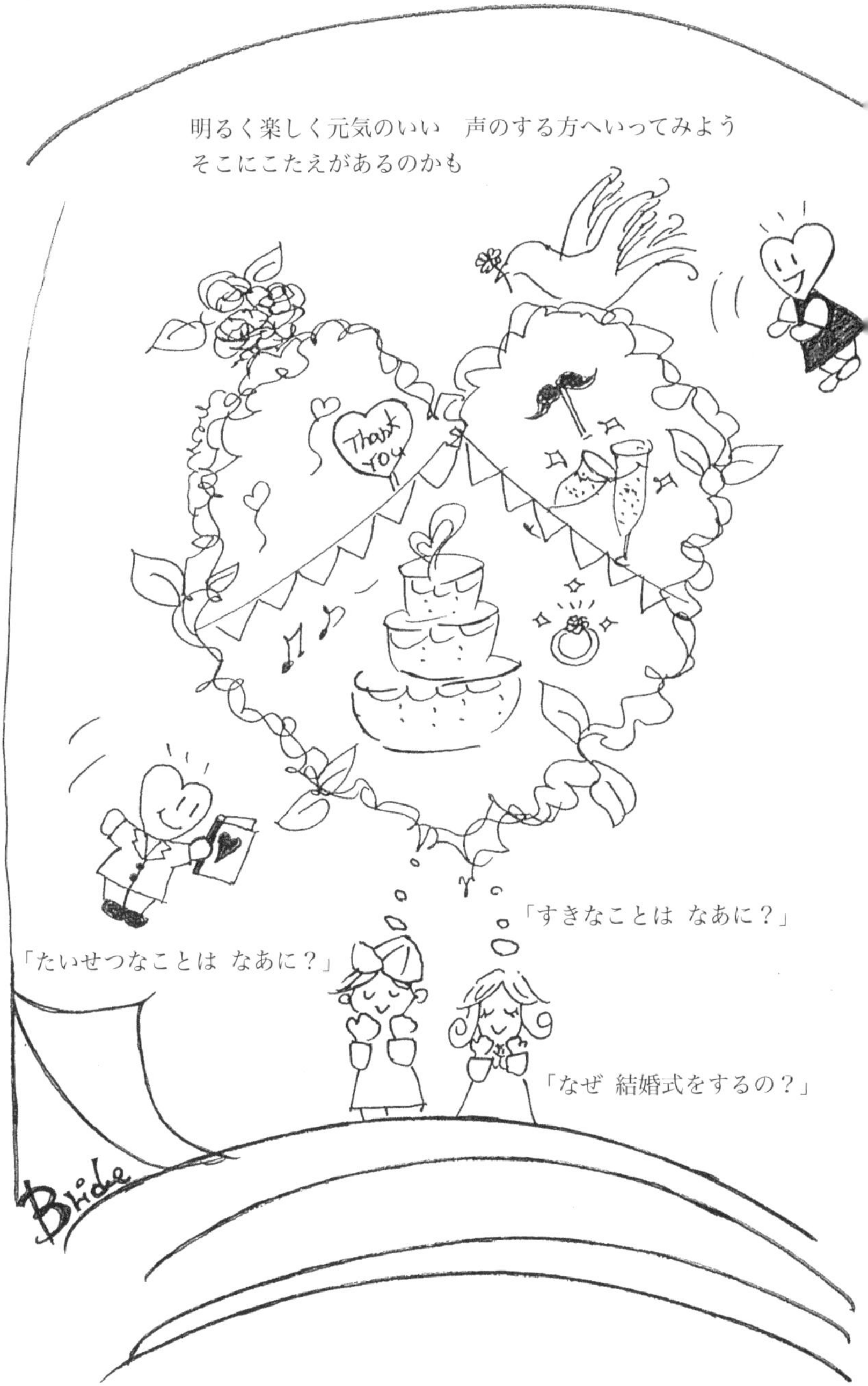
明るく楽しく元気のいい　声のする方へいってみよう
そこにこたえがあるのかも
Thank you
「すきなことは なあに？」
「たいせつなことは なあに？」
「なぜ 結婚式をするの？」
Bride

あたりまえのことをバカにせず
バカになってちゃんとやる人たちのほうへ　いってみよう

せかいにたったひとつ
わたしだけのファーストドレス
わたしのためのウエディングドレス

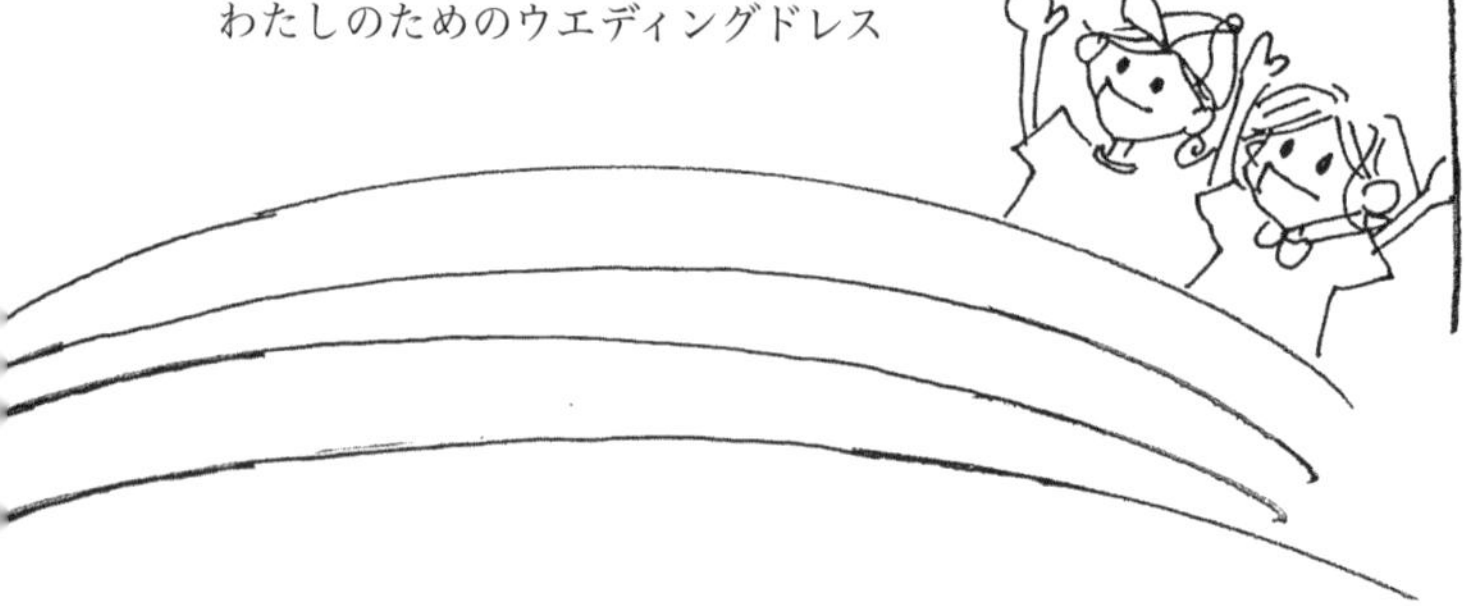

サプライズがだいすきな人たちのほうへ　いってみよう

おいしいとサプライズ
おもてなしとサプライズ
感動とサプライズ

わたしのしあわせに　しんけんにむきあってくれる人たち
みんなとても楽しそう
みんなとてもしあわせそう

Brid to be Wedding

わたしが結婚式で 出会った人たち
しあわせなえがおの人たち

わたしたちの結婚式は
しあわせな人たちがつくってくれた　最幸の結婚式

いいね　わたしの結婚式
いいね　わたしたちの結婚式

みんなえがお　みんなえがお
「あれ？これがしあわせなのかな」

エピローグ　『コロナとカヌレ』

本書をつくっていた真っただ中の2020年春、新型コロナウイルス感染症が世界的に拡大し、日本でも感染者が増加。2020年4月7日、東京と大阪を含む7都府県を対象地域として改正新型インフルエンザ等対策特別措置法に基づく初の「緊急事態宣言」が発令され、4月17日に全都道府県に拡大されました。

弊社メンバーに対し、コロナ禍に関するメッセージを最初に伝えたのは、愛知県が県独自の緊急事態宣言を発出した4月10日のこと。このときはまだコロナ禍を漠然としか捉えられていないメンバーが多く、国や県知事からの緊急事態宣言とはどういうものなのか、それに即したお客さまへの対応の仕方、そしてコロナ禍をどう捉えるかといったことについて話しました。

この日、何より伝えたかったことは、皆でとにかく生き延びようということでした。3月22日にロックダウンを開始したアメリカの同時点での感染者数は約3万人、死者は377人でした。そこから17日が経ち、4月10日時点での感染者は約40万人、死者は1万3000人でした。ちなみに4月8日の死者は1日で1800人となっていました。わずか17日で、感染者は10倍以上になり、死者は約5倍にまで膨らんで、その時点で日本だけが例外になる根拠は全くありませんでした。

「いつ終わるのかな」、「早く終わるといいな」、「家に毎日いたら参っちゃうよ」という気持ちでいるメンバーも多いと踏んでいた当時、皆が思っている以上に大変な事態で、生きるか死ぬかの瀬戸際にわたしたちは直面していると伝えました。「だからこそ、今は休むという選択が正しく、自宅待機を増やしていく」と宣言しました。その上で、また、営業再開になった折には、皆で一生懸命に働こう。休みがなかなか取れないことがあるかもしれないし、夏休みが例年のように長期で取れなくなるかもしれないけれど、戦後の日本人のようなハートで、一生懸命に働いて、稼いで、頑張っていこう。そのように伝えました。

5月2日。緊急事態宣言が延長することになり、再びメンバーに向けてライブ配信を行ないました。わたしの給与は40％カット、取締役は30％カット、リーダーは15％カット、あとのメンバーは基本的に100％を保証する。子ども手当は維持する。住宅手当も維持する。でも、そのほかの資格手当などは一旦止め、自宅待機をより増やし、その期間を延長することを伝えました。

わたしはこれまで、多少の問題が起きても、周囲の雑音を消して、達観することが割と得意なほうだと思っていました。細かいことに縛られず、この一つを重点的に直せば、ここもあそこも直せる。そういう判断の仕方を今まではしてきました。うまくいかないことが五つあれば、すべてを叩くというよりも一つを解決することですべてを解決するような方法を見いだす。経営だけに限らず、私生活でも割とそこには自信があったのですが、それが今回、コロナ禍が極めて深刻化していく中で、まったく機能しなくなっていました。

新規のお客さまがいらっしゃれば当然のことながら受け入れたいし、けれども感染症対策もしなければならない。いつ自分たちが感染するかも分からない。ウエディングの施行もまだありましたし、そこでクラスターが出ないとも限りません。毎日がロシアンルーレットをやっているような気分でした。

でも、メンバーにメッセージを発信した4月10日を機に変わりました。というのも覚悟ができたんです。それは、【経営者としての覚悟】です。

金銭面でいえば、ほかが潰れてもうちだけは残る。そこまで徹底的に借りる決意ができました。他社を見ても、借入ができたのが売り上げの30％前後というところが多く、でも、弊社は売り上げの70％まで資金調達ができました。もし弊社がダメならこの業界、皆ダメだろうというくらいまで融資を受けることにしました。

当初は、創業以来、とにかく皆で頑張ってきて、せっかく借金を減らしてきたのだから、また増やしたくないという気持ちがありました。東日本大震災からの教訓で、世の中、何が起こるか分からないし、東海大震災が起きる可能性だってある。だから、むやみやたらに店舗を増やすのではなく、とにかく現預金を積むんだとメンバーには言い続けてきて、メンバーもそんなわたしの考え方を支持してくれていました。何が起こっても1年くらいは余裕で皆の給与が払えるところまでは現預金をつくる。それができたら、次は東京出店。そんな風にメンバーには伝えていたのです。それはある部分、正しかったのですが、せっかくみんなで借金を返してきたので、また数年前に戻るということを考えると、どこか逃げたい自分がいたのでしょうね。

それが4月10日、メンバーの前に立ち、率直な気持ちを伝えたことで、経営者としての腹がくくれたのだと思います。「今後、どんな状況になるか分からないけれども、わたしたちの祖父母は戦後の焼け野原からこの日本をつくった。その心境に戻ってコロナ禍が終わったらまた皆で一生懸命に働こう」と告げました。

コロナ禍が始まって以来、これまで3回、メンバーにはライブ映像でメッセージを伝えているのですが、改めて「うちってすごい会社だ」と思っています。どんな話をしても全員が前向きで「頑張ります」と言ってくれて、それを各々が実行してくれている。強い会社であることを実感しています。ですから、4月10日以降は全くもって心が平穏で、慌てることがなくなりました。

腹がくくれたその日からは、もう何でもやってやろうという気になりました。フランス伝統菓子のカヌレを名古屋市内の路上で売るアイデアもその一つです。昨年の夏にスイーツ研究所を設立して、4月20日から関東のスーパーで発売する予定だったのですが、その予定が1ヵ月遅れたんです。カヌレは利益率もよく、何よりおいしいからお客さまに喜んでいただけるし、当初は「やってみるか」という軽い気持ちでゴールデンウイーク中に思い立ち、エルダンジュガーデンと名古屋駅店の2カ所で5月10日に売り出しました。緊急事態宣言が延びると聞いて、これは長い闘いになると踏んだんです。だから何かやらねばと思いました。何も打開策を打たず、手をこまねいているばかりじゃ皆のマインドにもよくないので、立ち上がろうと。そういう気持ちになったんです。

わたし自身、CEOになってから、現場に立つことがめったになくなっていたのですが、こういう事態になって、雨の日も風の日も炎天下の日も、日に焼けて真っ黒になりながら屋外でカヌレを売ることになり、いやあ、もう、それは楽しいです。最高に、本当に、楽しい。経営のテクニックや考え方も大事なんですけど、それ以上に今の経験は、商いの基本をもう一度思い出させてくれています。材料を購入して、職人が技術を詰め込んで、何倍もの価値にする。それをただ売るんじゃなくて、職人の想いやこだわりを伝えた上で売る。ただ立って待っていてもダメなので、うちのメンバー、本当にものすごい声を張り上げて呼び込みをしています。皆が本当に一生懸命で、「売れた」んじゃなくて、「売った」という状況をつくっています。1個しかいらないというお客さまには、賞味期限まで1週間持つことを伝えたり、「ご家族にもいかがですか」と勧めたりして、2個買ってもらったり。一生懸命さというのは、やっぱり伝わるんですよね。

現在、パートナー会社さんや友人知人のご厚意で、名古屋市内のいろいろな場所を借りさせてもらっているのですが、どこの方にも「違うメンバーが毎日くるけれど、みんなずっと一生懸命だよ」と言われます。社長が来るからとか、偉い人が来るからではなく、ずっと一生懸命に声を張り上げていると、そんな話をされます。わたしのインスタグラムを見て、10年ぶりくらいに連絡がきて、店前を貸してくれることになったエステティシャンの知人が、うちのメンバーの一生懸命さに「エステしながら涙が出てくる」と言っていました。あるホテルのギャルソンさんは「こういう子たちがこれからの世の中を明るくしてくれるんだろうな」とフェイスブックに投稿してくれていました。「みんなで食べなさい」と、アイスクリームを差し入れてくれるお客さまもいます。こないだはよく買いにきてくださるご年配の男性が「あなたたち、一生懸命にやっているから三つ頂戴」と注文してくださり、「誰にあげようかなあ」とおっしゃっていたらしいのです。それでうちのメンバーが「すてきな女性にあげてください」と伝えたら、「じゃあ、君たちに」ってその場で買ったばかりのカヌレを手渡してくれたそう。店前に立っていた2人の女性メンバーと、あとの一つは「あの野球やっていた男の子いるよね。彼にも渡しておいて」って。その男の子というのも、弊社のメンバーです。そうして買ったカヌレ三つを置いて帰って行かれたそうです。粋なはからいで感動しました。

どこの方にも弊社のメンバーのひたむきさと一生懸命さを褒められます。これが一番の財産だと、今回のコロナ禍で改めて噛みしめています。弊社の規模は決して大きくはないけれど、会社としてはかなり強いと思いました。そういう意味では、弊社は会社というよりもコミュニティなのかなと最近よく思います。本当に一生懸命、そして本当に笑顔。「当たり前のことを、バカにせず、バカになって、ちゃんとやる」ということがここまで浸透している。その姿を見ていると時に涙が出てきます。平時にやってきたことが、こういう有事のときにすごく力となって発揮されている。確かに、金銭的にはコロナ禍以前と比べると苦しくなりましたが、すごく良い財産が今回の一件で弊社に残ると思っています。結束力がより高まりました。

5月14日が実は16年目の弊社の創立記念日だったのですが、それをすっかりわたし自身が忘れていて、一日中、汗だくでカヌレを売っていたんです。まさか16年目にして、こんなことしているなんて思いもよりませんでしたが（笑）。夜になって、メンバーから動画が届いていて、それでようやくその日が創立記念日だったことに気づかされました。人の記念日をサプライズするのは好きなんですが、自分の大事な日はあまり覚えていないんです。でも、こうやって一緒にいる仲間に気づかせてもらえる環境は最高だと思います。今は、このカヌレの利益を全て夏のボーナスの原資に充て、予定していたボーナスを満額支給する予定です。


コロナの影響で、接客業をはじめ、人と接するような仕事を志望していた学生たちは、今、とても悩み、そして迷っていると思います。中には不安で、立ち止まってしまっている学生もいることでしょう。学生だけじゃなく、いま日本中の経営者が同じ思いを抱えていると思います。でもね、わたし、思うんですよ。

こんな読めないことが起こるんだから、「やりたいことやったれ！」って。

だって、世界中の指導者も天才も、ほとんど誰もこんな風になるなんて予想していなかったわけです。それくらい読めないことって起きる。物事のスピードや人の動きがどんどん進んで、グローバル化の波がいかに押し寄せてきても、まったく先読みできないことが起きるときは起きる。天才が読めないのだから、一般人が読めるわけがありません。読めるわけがないのなら、それこそやりたいことをやって、やりたいことをやりながら生きていく力を身につけていくしかないと思います。今までのルールブックやケーススタディにないことがバンバン起きるときだからこそ、まさに考える力や実行する力が問われているのだと思います。

緊急事態宣言も解除され、弊社のウエディング事業ももうじき再開しますが、感染症予防を徹底しながら、さみしい思いをさせてしまっているお客さまと真摯に向き合っていくことをまずは第一優先に考えています。カヌレに関して言えば、当初の目標は1日200個を売り切ることだったのですが、今は毎日1600個つくって、最高数1780個までできました。これもあと1ヵ月はやり続けるので、その間に目標を達成したいです。パティシエチームは毎日カヌレばかり焼いているのですが、とにかく元気、すごく元気。売っている側もつくっている側に感謝しているし、つくっている側も売っている側に感謝している。そういう当たり前のことが当たり前にちゃんと行なわれている。それがやっぱり弊社の強みです。

そう考えるとお客さまにさみしい思いをさせてしまっていることと、借金が増えた以外は、弊社の中だけを見るなら収穫ばかりのコロナ禍。そんな風にも思えます。この状況が果たしてどれくらい続くのかはわかりませんが、でも、そうした日々を無駄にしないためにも、いま一度、【明るく、楽しく、元気よく】、【当たり前のことを、バカにせず、バカになって、ちゃんとやる】ことを徹底したいと思っています。


読者の皆さま、最後まで読んでくださってありがとうございました。激動の時期でしたが、本当に貴重な時間をいただきました。ようやく全てを書き終えた今、少しは皆さまのお役に立てることができたのかと、若干心配になってきました。しかし、ここまできてしまったのだから、ジタバタしてもはじまりません。

最後に、『週刊ホテルレストラン』で2017年9月15日号より連載のチャンスをくださったオータパブリケイションズの山下裕乃さん、想像以上のぶん投げっぷりに戸惑いながらもわたしの想いをまっすぐに深く理解してまとめてくださった編集の山葵夕子さん、ブライド・トゥー・ビーらしさを残しながら装幀をデザインしてくださった小倉英子さん、白黒のコントラストで本書の中身を洗練された印象に仕上げてくださったエディトリアルデザインのフリッパーズさん、スケジュール通り進められないわたしと出版チームの橋渡しを粘り強く務めてくれた弊社の青木千加さん、わたしを育ててくれた両親、多くの方々に感謝いたします。そして、コロナ自粛期間中、自宅待機が続く中で、一生懸命にイラストを描いて、70名の全メンバー出版を実現してくれた誇りあるブライド・トゥー・ビーのメンバー全員に心からの感謝をお伝えしたいと思います。
　みんなのことが大好きです。未熟者ですがこれからもよろしく!!

2020年6月6日
マジックショーが行なわれている「エル・ダンジュナゴヤ」のオープンテラスにて。

伊藤誠英

♡ HAPPY PEOPLE MAKE HAPPY PEOPLE ♡

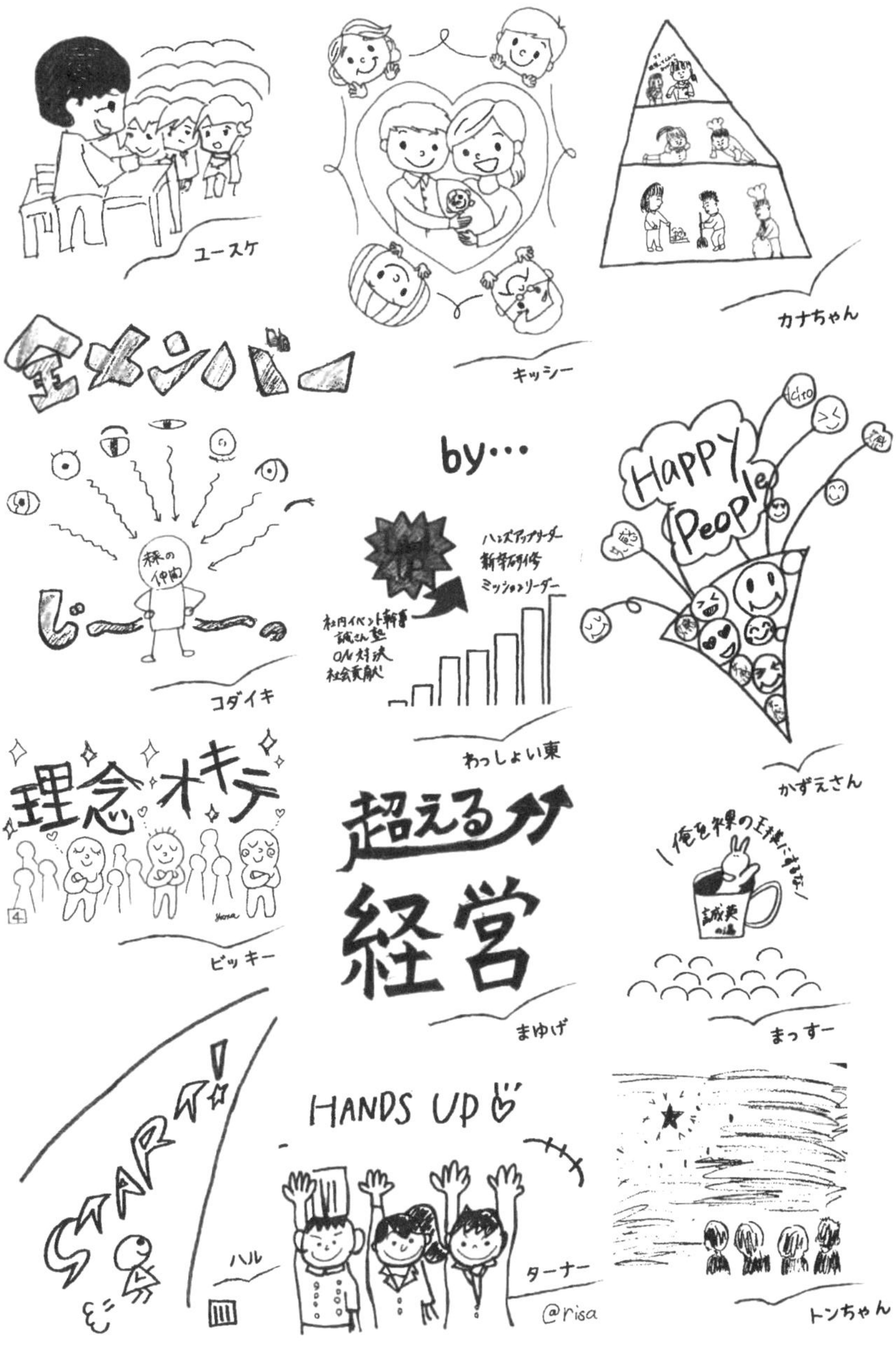

ユースケ
キッシー
カナちゃん
全メンバー
by…
Happy People
かずえさん
森の仲間
じーーー
コダイキ
ハンズアップリーダー
新卒研修
ミッションリーダー
誠さん塾
ON対決
社会貢献
わっしょい東
理念オキテ
ビッキー
超える経営
まゆげ
俺を裸の王様にするな!
まっすー
START!
ハル
HANDS UP
ターナー
@risa
トンちゃん

profile

伊藤誠英（いとう・せいえい）

大学卒業後、さまざまな仕事を経て、28歳で株式会社プライド・トゥー・ビーを設立。理念経営を掲げ、【企業文化で徹底的に勝負する】をモットーに、サプライズな取り組みで高い従業員満足度を実現。サービス業の当たり前を打破し、異色の独創的経営を続ける。ホテル経営者向けの専門誌『週刊ホテルレストラン』にて人気コラム『イイ会社を創ろう 当たり前のことを バカにせず バカになってちゃんとやる』を連載。
☆ホームページ http://www.bridetobe.co.jp/
☆ブログ https://ameblo.jp/bridetobe/

もうヒトで悩まない《モウヒトデナヤマナイ》 超える経営《コエルケイエイ》

著者　伊藤誠英（いとう・せいえい）
第1刷発行　2020年8月25日

本文レイアウト　㈲フリッパーズ
表紙デザイン　小倉英子 / ㈱ ggJAPAN（ジージージャパン）

発行所　株式会社オータパブリケイションズ
〒104-0061　東京都中央区銀座4-10-16　シグマ銀座ファーストビル3F
TEL03-6226-2380　FAX03-6226-2381
info@ohtapub.co.jp　http://www.hoteresonline.com/

印刷・製本　富士美術印刷㈱

ISBN　978-4-903721-86-6　C0034
定価はカバーに表示してあります。